선문염송 요칙

이 저서는 2021년 대한민국 교육부와 한국연구재단의 지원을 받아 수행된 연구입니다.
(NRF-2021S1A6A3A01097807).

선문염송 은칙

문광 집요역해

법어 法語

　부처님의 진리 가운데는 법신변사(法身邊事)와 여래선, 그리고 향상일구(向上一句)의 세 단계의 진리가 있는데 최고의 경지인 향상일구의 진리가 열려야만 전신자재(轉身自在)를 수용하게 됩니다.

　법신의 진리나 여래선의 진리 가지고는 모든 불조(佛祖)와 도인(道人)이 설해놓은 가지가지의 차별법문을 바로 볼 수 없고, 오직 향상일구의 눈이 열려야만 천불만조사와 더불어 어깨를 겨눌 수 있습니다.

　덕산탁발화(德山托鉢話) 공안을 비롯한 향상구 공안은 백천 공안 가운데 가장 알기 어려운 법문이어서 천하 선지식도 바로 보기 어렵다고 했습니다. 이러한 공안을 바로 보는 눈이 열려야 비로소 대오 견성했다고 인정할 수가 있습니다.

　금번에 산승의 제자인 문광(文光) 수좌(首座)가 《선문염송 요칙》을 출간하고, 1700 공안 가운데에서 가장 난해한 향상구 공안들의 염(拈)과 송(頌)을 한문 원전으로 BTN 불교 TV에서 강의한다고 하니 참으로 반가운 일이 아닐 수가 없습니다.

　이를 계기로 사부 대중들은 가장 수승한 수행법으로 알려진 화두 참선과 인연을 맺고 화두 일념이 지속 되는 경험을 통해 보는 찰나, 듣는 찰나, 화두가 박살나서 생사일대사를 해결하시길 바랍니다.

그렇다면 필경(畢竟)의 일구(一句)는 어떻게 되는고?

向上向下自在用(향상향하자재용)
天上人間無等匹(천상인간무등필)

향상구의 진리와 향하구의 진리를 마음대로 써야만
하늘세계와 인간세계에 짝할 자 없음이로다.

불기 2566년(2022) 동안거 결제일에
대한불교조계종 前 종정 진제 법원(眞際 法遠)

진제

추천사 推薦辭

부처님께서 보리수 아래 깨달음을 이루시고 그 미묘한 진리의 선열법희(禪悅法喜)는 어떤 것으로도 표현할 수 없었다고 한다. 그것은 마치 망고를 보지도 못한 이에게 그 망고 맛을 설명하는 것과 같고, 벙어리가 꿈을 꾸고 나서 그 꿈속의 일을 장님에게 설명하는 것과 같았다고나 할까.

그런데도 부처님께서는 미혹한 중생을 위해 자비심을 내어 온갖 방편으로 가르침을 펼치셨는데, 열반에 드실 때 당부하시기를 '수행하는데 필요한 계율로써 스승을 삼으라[以戒爲師]'라 하시고, 또 '스스로 깨달아야 진리를 알 수 있다[自燈明 法燈明]'고 하시었다. 훗날 제자들은 그 구전(口傳)의 가르침을 편집하여 경전을 만들고, 이 경전에 대한 이해를 도우려고 조사(祖師)들은 각자 나름의 소견을 피력하며 논설(論說)을 붙이기도 했다. 그렇게 하여 불교의 방대한 경(經)·율(律)·론(論)의 삼장(三藏)이 형성되었다.

그 부처님과 조사들의 가르침은 시간이 흐르고 기후, 풍토, 문화가 다른 지역으로 널리 전파되면서 가르침의 방법이 다양해진다. 기후, 풍토가 인도와 비슷한 남방은 그 전통을 그런대로 지켜갈 수 있었지만, 사계절의 변화가 심하고 문화가 다른 북방의 동아시아 지역이나 히말라야를 넘어 환경이 열악한 고원의 티베트에 전해진 불교는 그 교단의 유지나 교화 방법이 조금씩 달라졌다.

특히 중국은 기존의 수준 높은 문화가 있었기에 불교를 수용하는 방법이 다양하였고, 특히 선종에서는 변화가 심한 역사의 흐름에 적응해 가면서 번쇄한 교리보다는 아주 정제(精製)된 가르침이나 간명직절(簡明直截)한 대화법이 발달하였다. 그 가운데서 잘 표현된 기연어구(機緣語句) 가운데 규범이 될 만한 것을 공안(公案)이라 하는데 그 공안도 입장에 따라 견해의 차이가 있게 마련이다. 그래서 안목을 갖춘 선사(禪師)들이 바른 안목을 열어주기 위해 그 공안을 끄집어들고[拈] 들추어내어[徵] 탁마하면서, '나는 대신 이렇게 말하겠다[代]', '나라면 그와 다르게 말하겠다[別]' 하며 꼬투리를 잡기도 하고 극찬도 하면서 걸림 없이 갖가지 비평을 하게 되는데, 그 가운데서도 백미(白眉)는 운을 맞추어 격조 높게 지은 송(頌)이라 할 것이다.

송광사의 제2세 진각국사 혜심(慧諶)은 1226년에 경전과 어록 가운데서 1125칙 공안에 대해 염롱(拈弄)한 자료들을 발췌하여 '선문염송집' 30권을 만들었으며, 혜심의 제자인 청진국사 몽여(夢如)는 이에 347칙을 더하였고, 혜심의 문인 각운(覺雲)은 거기에 주석을 붙인 '선문염송설화(禪門拈頌說話)'를 지었다.

혜심이 편찬한 선문염송집은 고려대장경 속에 입장(入藏)되어 당시 고려 사람들은 "중국에 만리장성이 있다면, 우리 고려에는 선문염송집이 있다."고 큰 자긍심을 가졌다고 한다. 만리장성은 전쟁의 산물이지만, 선문염송집은 불조의 가르침 가운데 핵심들을 뽑아 집대성한 가장 아름다운 진리의 금자탑이기 때문이다. 그래서 선문염송집은 종문(宗門)의 최고 압권(壓卷)이었다.

이번에 동서고금의 인문학에 해박하고 높은 안목을 갖춘 문광(文光)스님이 금시인(今時人)들을 위해 선문염송 가운데서 정요(精要)의 몇 칙을 뽑아 해석하여 한 권의 책을 내게 되었다. 구절마다 넘치는 문자의 향기와 공안을 실참(實參)하였던 문광 스님의 선기(禪機)가 빛나고 있다. 햇빛을 모아 불을 일으키는 화경(火鏡)처럼 이 책은 우리 자신을 반조하게 하여 무명(無明)의 심지(心地)에 지혜의 불을 댕기게 할 것이다.

三更夢遊路(삼경몽유로)
忽聞自鳴鐘(홀문자명종)
驚起開門戶(경기개문호)
明月滿虛空(명월만허공)

깊은 밤 삼경에 꿈길 헤매다
홀연히 자명종 소리를 듣고
깜짝 놀라 일어나 방문을 여니
허공에 밝은 달빛 가득하구나.

불기2567년(2023) 설날에
승보종찰 조계총림 송광사 방장 남은 현봉

南隱 玄鋒

서문 序文

　　선문염송을 본격적으로 접한 것은 2006년 말의 일로 기억된다. 참구하던 화두가 타파되어도 '향상구(向上句)' 공안에 막히게 되면 다시금 눈앞이 막막해진다는 사실을 알고 난 다음부터 《선문염송》 30권의 내용 전체를 정독하기 시작했다.

　　화두 가운데 법신변사와 여래선의 진리, 그리고 향상구의 공안이 있다는 것을 가장 명료하게 알려주시고 지도해 주신 어른은 진제 법원 큰스님이셨다. 2007년 여름, 해운정사를 찾아 큰스님께 점검을 받고 향상구 공안을 결택했다. 그 길로 동국대학교 불교대학 졸업과 함께 봉암사 선원에서 동안거 결제를 난 뒤 해운정사에서 정진했다.

　　시간이 흘러 2013년 지리산 칠불사에서 경허-한암-탄허의 법맥을 이은 제월 통광 큰스님께 전강을 받을 때 스님께서는 《선문염송》(월운스님 번역, 동국역경원 간행)을 하사하시며 선지(禪旨) 없이는 경전을 제대로 볼 수 없다는 소중한 가르침을 주셨다.

　　'화두가 없으면 송장'이라시던 노스님 혜암 성관 대종사의 선법문 테이프를 매일 들으며 행자생활을 시작하여, 《선문염송요칙》 출간까지 20년이 훌쩍 넘는 시간이 흘렀다.

　　이 책은 동국대학교 불교한문아카데미 심화반에서 《선문염송》을 강의할 때 만든 자료를 기반으로 서울 개포동 금강선원, 동국대학교 경주캠퍼스 불교대학원, 탄허강숙에 이어 BTN 불교TV에서 강의한 내용을 일부 수정한 것이다.

자신의 공부가 어느 지점에 있는가를 점검하는 가장 좋은 방법은 향상구 공안을 살펴 곧바로 답이 흉금유출(胸襟流出)되는지 보고, 자신의 경지가 그렇지 못하다고 생각되면 다시 화두를 들고 참구하라고 배웠다. 여기에 소개하는 향상구 공안은 역대 선지식들께서 가장 난해하다고 말씀하셨던 공안이다. 스스로 해결되지 않은 화두를 재참(再參)하는 것은 본인의 몫이며, 나 역시 이들 공안 가운데 하나를 화두로 들고 있다.

　한 걸음만 부족해도 아직 서울에 도착한 것은 아니다. 휴식이나 힐링을 위한 명상에 그치지 않고 향상일로(向上一路)의 세계로 나아가려면 결국 이러한 고준한 공안들과 마주하게 되리라 본다. 생사(生死) 일대사를 해결하려면 다른 방도가 없다고 생각했던 수많은 조사, 선지식 스님들의 가풍이 한 가닥 남아있다고 믿는 이 후학은 오늘도 이 향상구 공안들에 천착하고 있다.

　누군가 이생에 만난 책 가운데 가장 좋아하는 서적이 무엇이냐고 물어 온다면, 나는 조금의 주저도 없이 《선문염송》이라고 답할 것이다.

향상구 공안 하나를 결택하여 참선공부하다 죽는 인생이 가장 값진 것이 아닐까 생각하며 화두를 들고 이 생을 마감할거라 다짐해본다.

一日不坐禪(일일부좌선)이면
膝中生膿汁(슬중생농즙)이라

하루라도 좌선을 하지 않으면
무릎에 고름이 생긴다.

2023년 계묘년 입춘절에
동국대 불교학술원에서
문광 삼가 씀

목차 目次

법어 法語 · 4

추천사 推薦辭 · 6

서문 序文 · 9

1장 선문염송禪門拈頌 해제解題

선문염송禪門拈頌에 대하여 · 16

선어록의 이해를 위한 교학教學의 종지宗旨와 선지禪旨 · 19

향상구向上句 공안公案이란? · 30

2장 선문염송禪門拈頌 요칙要則

선문염송禪門拈頌 집서集序 · 34

1. 도솔 兜率 · 37

2. 여인출정화 女人出定話 · 45

3. 돌부자 수일족 鈯斧子 垂一足 · 69

4. 장두백 해두흑 藏頭白 海頭黑 · 81

5. 일면불 월면불 日面佛 月面佛 · 97

6. 마조일할 馬祖一喝 · 119

7. 남전참묘 南泉斬猫 · 145

8. 조주무자 趙州無字 · 159

9. 조주 적양화 趙州 摘楊花 · 173

10. 영운도화 靈雲桃花 · 187

11. 여사미거 마사도래 驢事未去 馬事到來 · 213

12. 덕산탁발화 德山托鉢話 · 219

13. 일수대 일수익 一手擡 一手搦 · 235

14. 암두도자 巖頭渡子 · 245

15. 취암미모 翠巖眉毛 · 251

16. 파자소암 婆子燒庵 · 261

 부록 한시 염송 창작을 위한 한시용운법 약설 · 267

선종 5가 7종 · 269

1장

선문염송禪門拈頌 해제解題

선문염송禪門拈頌에 대하여
선어록의 이해를 위한 교학敎學의 종지宗旨와 선지禪旨
향상구向上句 공안公案이란?

선문염송禪門拈頌에 대하여

《선문염송》은 보조국사(普照國師) 지눌(知訥)의 제자이자 조계산(曹溪山) 수선사(修禪社) 제2세 법주인 진각국사(眞覺國師) 혜심(慧諶)(1178-1234)[1]이 선가의 화두 1125칙과 이에 대한 선사들의 염(拈)·송(頌)·상당거화(上堂擧話) 등을 모아서 30권으로 집성하였고, 여기에 진각국사의 제자 청진국사(淸眞國師) 몽여(夢如)가 347칙을 더 첨가하여 현재 1463칙[2]이 수록되어 전해지고 있다.

《선문염송》은 《염송》이라고 하여 강원의 최고학부의 교본으로 오랫동안 사용되어 왔고 조선 초의 선교(禪敎) 양종(兩宗)시대에는 《전등록(傳燈錄)》과 더불어 선종승과(禪宗僧科)의 시험과목이었다.

---

1) 자(字)는 영을(永乙), 자호(自號)는 무의자(無衣子), 시호(諡號)는 진각국사(眞覺國師), 25세에 보조 지눌에게 가서 출가한 뒤로 각고의 정진을 쌓아 스승으로부터 심인을 이어받았다. 스승의 입적 후에 그를 이어 수선사의 법풍을 크게 날렸으며, 고려 고종 즉위 후에 대선사에까지 오르고 단속사(斷俗寺) 주지를 겸하였다. 조계산 수선사는 제2세 무의자 진각혜심에 의해 더욱 발전하게 되었다. 이 《선문염송》은 그가 49세 되던 고려 고종 13년(1226) 겨울에 조계산 수선사에서 제자 진훈(眞訓) 등과 함께 선가의 옛 화두 1125칙과 이에 대한 여러 선사들의 염·송·거화 등을 모아서 집성한 것으로 석가모니불에 대한 고화(古話)로부터 경전의 말씀과 역대 조사의 순서대로 불법승(佛法僧) 삼보(三寶)의 순서대로 편집한 것이다.
2) 전해져 오는 바에 따르면 진각국사가 처음 편집한 공안은 1125칙이며 청진국사가 첨가한 공안은 347칙이라고 한다. 그렇다면 총 1472칙의 공안이 되어야 한다. 하지만 현재 전해져 내려오는 선문염송의 공안은 모두 1463칙만이 남아있다. 추가된 347칙이 어떤 공안이지, 9칙의 차이가 생겼지만 어떤 공안인지 현재로서는 정확히 파악하기가 어렵기 때문에 1463칙이라 하였다.

선문염송을 주석한 '염송설화'의 저자 각운(覺雲) 선사는 진각혜심 국사의 제자로 알려져 있으며 구곡각운(龜谷覺雲) 선사와는 다른 인물이다. 이능화가 《조선불교통사》에서 "친히 가르침을 받은 제자가 아니라면 이와 같이 할 수 없을 것이다."라고 하였듯이 현재까지 정확한 행적을 알 수 있는 자료는 전해지지 않으나 진각국사의 제자라는 사실은 명백해 보인다.

여기서의 '설화'는 옛 이야기가 아니고 선문염송의 고화(古話)로써 옛 화두를 해석하고 설명한다는 뜻이다. 고칙에 대한 수많은 조사 선지식들의 염송거화에 대해서 하나하나를 빠뜨리지 않고 명쾌하고도 친절한 주석을 붙여놓고 있다. 고려 고종 31년에서 35년(1244-1248) 사이에 대장도감(大藏都監) 남해분사(南海分司)에서 개판한 것이 현재 해인사 소장의 고려대장경 보유판에 수록되어 있다. 현대판으로는 전해진 것은 한국불교전서 제5책 수록의 《선문염송 염송설화 회본(禪門拈頌 拈頌說話 會本)》이 대표적이며 이 책에서도 이를 저본으로 삼았다.

중국의 《전등록》과 달리 한국의 《선문염송》이 보여주는 큰 특징이 몇 가지 있다. 중국의 《전등록》은 과거 칠불이 등장한 뒤에 석가세존이 등장하는 반면, 우리의 《선문염송》에서는 과거 칠불은 과감히 생략하고 석가세존이 처음부터 등장한다. 그리고 각종 경전에서 공안이 될 만한 내용들을 추출하여 38-61칙으로 편집했다는 것이 가장 큰 특징이라 할 수 있겠다. 즉 《선문염송》은 불법승 삼보 전체에서 화두를 뽑은 것이 가장 큰 특징이라고 할 수 있겠으며, 선(禪)과 교(敎)가 본래 합일한다는 사상을 체계 자체에서 보여주고 있다.

이 책 《선문염송 요칙》은 1463칙의 공안 가운데 역자가 임의로 향상구(向上句) 공안 14칙을 포함하여 총 16칙을 새롭게 편집하고 역해한 것이다. 현토는 월운스님 번역본(동국역경원, 2005)을 참고하였으며, 향상구의 선택은 성철, 향곡, 진제 선사 등 현대 한국의 서지식 큰스님들께서 강조하신 공안들을 중심으로 역자가 임의로 선택한 것이다.

공안에 접근하는 방법이나 독법을 해제에서 제시해야 한다고 말하는 경우가 있는데, 이 책은 선문염송 강의를 위해 2018년에 처음 교재로 편집한 것으로 공안에 대한 문헌학적(文獻學的), 한학적(漢學的), 시학적(詩學的), 선학적(禪學的) 분석과 독법은 수 차례 강의를 통해서 상세하게 제시해 왔다. 이《선문염송 요칙》은 동국대 불교학술원 불교한문아카데미, 동국대 경주캠퍼스 불교대학원, 금강선원, 탄허강숙을 거쳐서 BTN 불교티비에서 5차례 강의를 이어오고 있으므로 어록을 보는 법과 공안을 접하는 독법은 강의 영상을 참조하면 충분할 것으로 생각된다.

    서부진언(書不盡言)이요, 언부진의(言不盡意)라 하였듯이 글은 말을 다하지 못하고, 말은 뜻을 다하지 못한다. 선문(禪門)의 공안은 가장 몰자미(沒滋味)하면서도 가장 의무궁(意無窮)한 최상의 무설설(無說說)의 언어들로 구성되어 있다. 여기에서 다하지 못한 글은 허공골(虛空骨)에 부쳐두니《선문염송》의 모든 화두가 실참수행을 통해 타파되어 각자의 염(拈)과 송(頌)으로 새롭게 탄생되길 바랄 따름이다.

선어록의 이해를 위한
교학教學의 종지宗旨와 선지禪旨

1. 무아(無我) ➡ 연기(緣起) - 무자성(無自性) - 공(空)

산스크리트어	구마라집 역	현장 역	번역
ātman(아뜨만)	아상(我相)	아상(我想)	자아(自我)
pudgala(뿌드갈라)	인상(人相)	보특가라상(補特伽羅想)	개아(個我)
sattva(사뜨와)	중생상(衆生相)	유정상(有情想)	중생(衆生)
jīva(지와)	수자상(壽者相)	명자상(命者想)	영혼(靈魂)

[《금강경》의 사상(四相) 분석]

- 자아(自我): 영원불멸한 실체로서의 '나'가 있다는 관념
- 개아(個我): 개별적 주체인 개체가 있다는 관념
- 중생(衆生): 살아서 존재하는 생명체(중생)가 있다는 생각
- 영혼(靈魂): 생사를 초월해 사시동일성을 갖고 존속하는 목숨이 있다는 생각

사상(四相)은 결국 아상(我相)의 다른 표현이다. [四相 = 我相]

→ 금강경의 핵심은 무사상(無四相) - 무아(無我) - 무자성(無自性) - 공(空)

→ 반야(般若) = 기신론의 심진여문(心眞如門) = 화엄의 이법계(理法界)

1) 삼지냐(saṃjñā)의 번역 '상(相)'과 '상(想)'에 대하여

《설문해자(說文解字)》에서의 설명

❶ 相, 省視也, 從目, 從木. 상(相)은 '자세히 본다'는 의미로 회의자(會意字)이다.
- 나무를 눈이 일방적으로 보고 있다는 것이 일차적 의미로 왕유(王維) 시의 구절 '명월래상조(明月來相照)', '상사병(相思病)'이라는 용례가 남아있다. '서로', '모양', '돕다'는 의미는 후대에 부가된 의미이다.

❷ 想, 冀思也. 從心, 相聲. 상(想)은 '간절히 바라는 사념'이란 뜻으로 형성자(形聲字)이다.

'오온'에서의 '삼지냐(saṃjñā)'의 의미

- 색(色, rūpa) = 물질
- 수(受, vedanā) = 고(苦), 락(樂), 불고불락(不苦不樂)의 감정[느낌]
- 상(想, saṃjñā) = 대상에 대한 표상, 겉모습, 차별상, 심리현상 *cf.*) 相, 像
- 행(行, saṃskārā) = 지어감, 마음현상들
- 식(識, vijñānā) = 인식

    유교《논어》의 '극기복례(克己復禮)'
= 도교《장자》의 '지인무기(至人無己)'
= 불교《금강경》의 '무아상(無我相)'

2. 일심이문(一心二門)과 중도(中道)

心	中	미발지중(未發之中) = 대본(大本) = 체(體) = 정(靜) = 상달(上達) = 적연부동(寂然不動) = 명덕(明德) = 존양(存養) → 불성지이명(佛性之異名) = 사마타 = 지(止) = 정(定) = 선정(禪定) = 적(寂) = 불생(不生) = 묵(默) = 공적(空寂) = 적적(寂寂) = 쌍차(雙遮) = 진공(眞空) = 제법공상(諸法空相) = 대기(大機) = 향상구(向上句) = 본각(本覺)	眞如門
	和	이발지화(已發之和) = 달도(達道) = 용(用) = 동(動) = 하학(下學) = 감이수통(感而遂通) = 명(明) = 성찰(省察) → 육도만행지총목(六度萬行之總目) = 위빠사나 = 관(觀) = 혜(慧) = 지혜(智慧) = 조(照) = 불멸(不滅) = 조(照) = 영지(靈智) = 성성(惺惺) = 쌍조(雙照) = 묘유(妙有) = 제법실상(諸法實相) = 대용(大用) = 향하구(向下句) = 시각(始覺)	生滅門

[유교의 중화(中和)와 불교의 일심이문(一心二門)의 유불회통(儒佛會通)]

3. 화엄사법계(華嚴四法界)와 선지(禪旨)

1) '대방광(大方廣)'의 의미망

화엄경 명칭	삼대(三大)	삼신(三身)	삼신일불(三身一佛)	달의 비유	일심삼덕(一心三德)	유교의 역학(易學)	기독교의 삼위일체
대(大)	체(體)	법신(法身)	비로자나불	달[月]	법신(法身)	무극(無極)(10)	성부(聖父)
방(方)	상(相)	보신(報身)	노사나불	빛[光]	반야(般若)	황극(皇極)(5)	성령(聖靈)
광(廣)	용(用)	화신(化身)	석가모니불	그림자[影]	해탈(解脫)	태극(太極)(1)	성자(聖子)

2) 탄허스님의 화엄경 사사무애(事事無碍) 법계관(法界觀) 해설

우주의 주체성은 무엇인가? 우주 주체성은 곧 우리의 한 생각이다. 만일 우리의 한 생각이 없다면 육체는 송장일 뿐이고, 이 우주는 공각(空殼: 빈껍질)일 뿐인 것이다. 그렇기 때문에 핵심만 안다면 이 한 생각에서 일어난 지엽적인 문제는 설명할 것도 없는 것이다.

부처님께서 49년 동안 설법(說法)하시고 또 6년 동안 고행(苦行)을 통하여 우주관(宇宙觀)·인생관(人生觀)을 타파하셨는데 그것이 바로 화엄경(華嚴經)의 도리이다. 화엄경(華嚴經) 도리란 사법계(四法界) 도리이다. 사법계(四法界)란 이법계(理法界)·사법계(事法界)·이사무애법계(理事無碍法界)·사사무애법계(事事無碍法界)이다.

먼저 이법계(理法界)라는 것은 공(空)적인 면을 가지고 하는 말이다.

다시 말하면 이 우주만유(宇宙萬有)는 환(幻)이고 가상(假像)으로 있는 것이지 실제로 있는 것이 아니다. 즉 공(空)인 것이다. 모든 것을 이렇게 공(空)한 것으로 보는 것, 이것을 이법계(理法界; 眞理法界)라고 하는 것이다. 법계(法界)란 진리의 대명사이다.

다음 사법계(事法界)라는 것은 우주만유(宇宙萬有)가 그대로 진리라는 뜻이다.

또 이사무애법계(理事無碍法界)란 이(理)와 사(事)가 거리낌이 없는 법계, 다시 말해 공(空)과 유(有)가 둘이 아님을 말하는 것이다. 『반야심경(般若心經)』의 색즉시공(色卽是空) 공즉시색(空卽是色)으로서 색공(色空)이 둘이 아닌 것이 이사무애법계(理事無碍法界)인 것이다.

다음 사사무애법계(事事無碍法界)란 사(事)와 사(事)가 거리낌이 없는 것을 말한다. 그런데 우리가 이사무애법계(理事無碍法界)까지는 이해할 수 있고 인식할 수가 있지만 사사무애(事事無碍)라는 것은 보통 사람으로서는 도저히 인식할 수 없는 것이다.

예를 들면 태산(泰山)을 자기 콧구멍 속으로 집어넣는다고 할 경우 콧구멍이 넓어지는 것도 아니고 그렇다고 태산(泰山)이 축소되는 것도 아닌데도 태산이 콧구멍 속으로 들어가는 것과 같은 것이다. 태산이 콧구멍 속으로 들락날락 하면서도 하나도 거리낌이 없는 것, 그것이 사사무애법계인 것이다. 그러므로 일반인들은 사사무애(事事無碍) 도리를 이해하기 어려운 것이다. 그것은 오직 이 우주만유가 일진법계화(一眞法界化)된 사람이 아니면 그렇게 되지를 못하는 것이다.

3) 탄허스님의 미국 홍법원 10주년 기념
세계평화 고승대법회 법문(1982.9.16.)

부처님께서 49년 동안 횡야설 수야설 법문을 해 놓으셨는데 거기에서 가장 깊은 학설이 무어냐 하면은 사사무애도리(事事無碍道理)라는 것입니다. 즉 화엄학의 사사무애도리. 일중일체다중일(一中一切多中一), 일즉일체다즉일(一卽一切多卽一) 이라는 것이 하나 가운데 일체, 하나가 곧 일체라는 것이 비슷할 것 같지마는 극히 좀 다릅니다. 물론 사사무애도리(事事無碍道理)를 표현하는 방법으로서는 같습니다마는 내용이 좀 틀린 것은 무어냐 하면 '일중일체(一中一切)'라 하면 하나가 그 개체가 살아가지고 있으면서 전체를 싸가지고 있다는 것입니다. '다중일(多中一)'이라는 것은 전체 많은 것이 자기 개체를 다 가지고 있으면서 그 하나를 싸가지고 있다는 것입니다. 예를 들면 이 방안에 전등을 백개 천개를 켜 놓는다고 봅시다. 백개 천개를 켜 둔다면 그 광명이 하나하나가 전부 이 방안에 꽉 차 가지고 있습니다. 그러나 그 한 등의 광명이 백천 등의 광명에 장애가 안 되면서 서로 포함되어 있고 또 백천 등의 광명이 자기 개체를 살려 가지고 있으면서 그 한 등의 광명을 장애하지 않는 것이 바로 '일중일체다중일(一中一切多中一)' 소식입니다. 하나 가운데 일체요 일체 가운데 하나라는 것입니다.

'일즉일체다즉일(一卽一切多卽一)'이라 하나가 곧 일체요 일체가 곧 하나라는 말은, 예를 들면 우리가 육지의 물 한 방울을 바다에다 던진다고 봅시다. 육지의 물 한 방울을 바다에다 던진다면 육지의 물 한 방울 개체가 없어짐과 동시에 전체의 바다 맛이 되고 마는 것입니다. 그러니까 바다의 전체 맛이 육지의 물 한 방울 맛이고 육지의 물 한 방울 맛이 전체의 바다 맛이라는 말입니다.

그럼 아까 '일중일체다중일(一中一切多中一)' 한 등잔이 천백 등잔의 광명을 장애하지 않고 서로서로 함용(含容)해 있다는 것은 개체가 살아 가지고서 낱낱이 개체의 광명이 우주에 꽉 찬다는 것을 의미하는 것이고, '일즉일체다즉일(一卽一切多卽一)'이라는 것은 개체가 죽어져 버리는 것입니다. 이 개체가 저 쪽에 가면 자기 개체가 없어지면서 저쪽 것과 자기 것이 한 덩어리가 되는 것을 의미하는 것입니다. 그렇게 사사무애도리를 표현한 것이예요. 화엄학의……

만일 선문(禪門)에 이것[화엄의 사사무애도리]을 비유할 것 같으면 임제3구 법문에서 제3구에 불과하다는 것입니다. 그러면 임제3구 법문의 제3구 법문이라는 것은 뭐냐. 고인이 평을 하기를, "간취붕두(看取棚頭)에 농괴뢰(弄傀儡)하라" 벼개머리에 꼭두각시 희롱하는 것을 봐라. "추견(抽牽)이 전차이두인(全借裏頭人)이니라" 이끌어 빼내는 것이 그 속에 있는 사람이 놀리는 것이지 꼭두각시 허수아비가 노는 것이 아니라 이겁니다. 요사이는 꼭두각시 놀음이 없어졌으니까 여러분이 잘 이해하지 못 할런지 모릅니다마는 즉 활동사진으로 생각하면 됩니다. 활동사진이라는 것이 활동사진이 자동하는 것이 아니라 속에서 사람이 기계를 놀리기 때문에 움직이는 것입니다.

그와 같이 아까 사사무애도리(事事無碍道理)가 그렇게 49년 설법의 대단한 법문이지만 임제 3구에 비할 것 같으면 제3구에 불과한 것이다. 제3구는 "자구(自救)도 불요(不了)라"고 하는 거예요. 제3구에서 만일 깨닫는다 할 것 같으면 제 몸뚱이 구원도 마치지 못한다. 제 몸뚱이 구원도 못하는 놈이 어떻게 중생을 제도하겠느냐 이것입니다.

"묘희기용무착문(妙喜豈容無着問)이리오"마는 문수보살이 어찌 무착의 물음을 용납하겠느냐. 그렇지마는 "구화(漚和)론 쟁부절류기(爭負截流機)아" 방편으로는 어찌 류가 끊어진 잘난 사람을 저버릴 수 있겠느냐 하는 것입니다. 문수보살이 무착보살에게 답변할 수도 없는 문답이 끊어진 소식이지만은 잘난 사람 특출한 근기를 만날 것 같으면 저버릴 수 없다는 것입니다. 이것이 제2구 소식이라는 것입니다.

그 다음에 임제의 제1구 소식은 고인이 평을 하기를 어떻게 평을 했느냐. "후일(煦日)이 발생포지금(發生鋪地錦)하니" 오늘같이 이렇게 빛난 햇빛이 땅에 편 비단을 발생하니 "무문인자금상서(無紋印子錦上舒)라" 문체가 없는 인자가 비단위에 피었구나.

여러분 생각해 보십시오. 그것은 팔만대장경 교리를 아무리 횡야설 수야설 해봤자 거기에 붙지 못하는 소식이올시다. 그것을 임제의 제1구 법문이라고 그러는 거예요. 그러면 임제의 제1구 법문은 본래 물을 수도 없고 답할 수도 없는 본래 문답이 끊어졌다는 경계올시다. 그러므로 이 본래 문답이 끊어진 제1구 소식에서 깨닫는다 할 것 같으면 "감여불조위사(堪與佛祖爲師)라" 인간 천상의 선생은 물론이려니와 부처님과 조사의 선생이 될 수 있다는 것입니다.

고인의 말과 같이 "영위계구(寧爲鷄口)언정 무위우후(無爲牛後)라" 차라리 닭의 주둥이가 될지언정, 닭의 주둥이는 조그마하지만 앞에 있는 것입니다. "무위우후(無爲牛後)라" 소의 궁둥이는 되지 말아라. 소의 궁둥이는 커다란 것이지마는 뒤에 있는 것입니다. 그러니까 작아도 닭의 주둥이가 되지 소의 궁둥이 커다란 것이 되지 말라는 말이 있습니다.

그와 같이 오늘 이 대회에 모이신 여러분은 우리가 앞으로 세계평화를 목표하고서 이렇게 모이셨는데 그렇게 커다란 소의 궁둥이가 되지 말고 자그만 해도 닭의 주둥이가 되기를 바라겠습니다.

다시 말하면 임제의 제3구, 제2구 소식은 저 태평양 한바다로 집어넣어 버리고 제1구 소식, 본래 문답이 끊어진 제1구 소식을 우리가 천득(薦得)해서 부처님의 은혜를 갚으면 부처님이 이 세상에 나오셔서 49년 동안 횡야설 수야설 해 놓은 것이 그것은 유치원 학생을 위해서 그런 것이지 사실 본래 임제의 제1구 소식을 우리한테 전해 주자는 것이 부처님의 근본사상이올시다.

4) 화엄사법계(華嚴四法界)와 선지(禪旨)

화엄 사법계	색(色)과 공(空), 진공묘유(眞空妙有)	산(山)과 물(水)	긍정(肯定)과 부정(否定)
이법계(理法界)	일체개공(一切皆空) = 제법공상(諸法空相)	산은 산이 아니요, 물은 물이 아니다 (山不是山, 水不是水)	부정(否定) = 즉비(卽非)
사법계(事法界)	공즉시공 색즉시색 (空卽是空 色卽是色) = 제법실상(諸法實相)	산은 산, 물은 물 (山是山, 水是水)	긍정(肯定) = 실상(實相)
이사무애법계 (理事無礙法界)	색즉시공 공즉시색 (色卽是空 空卽是色)	산은 물, 물은 산 (山卽是水, 水卽是山)	긍정(肯定) + 부정(否定) = 무애(無礙)
사사무애법계 (事事無礙法界)	묘유(妙有) = 일중일체(一中一切), 일즉일체(一卽一切)	동산이 물위를 간다 (東山水上行)	초긍정(超肯定) = 일진법계(一眞法界)

天地地天天地轉(천지지천천지전)이요
水山山水水山空(수산산수수산공)이로다
天天地地何曾轉(천천지지하증전)이리오
山山水水各宛然(산산수수각완연)이로다

하늘이 땅이고 땅이 하늘이니 하늘과 땅이 뒤집혔도다.
물이 산이고 산이 물이니 물과 산이 비었도다.
하늘은 하늘이고 땅은 땅이니 어찌 일찍이 뒤집혔던가.
산은 산이고 물은 물이니 각각 완연하도다.

5) 화엄사법계와 공안과의 관계

[예시 1] 선문염송 제8권 310. 난난(難難)

【古則】 龐居士가 在草庵中獨坐라가 驀地云하되 難難이여 百碩油麻를 樹上攤이로다한대 龐婆得聞하고 接聲云하되 易易라 百草頭上에 祖師意로다하거늘 女子靈照云하되 也不難也不易여 飢來喫飯困來睡로다하다

방거사가 초막 암자에 홀로 앉았다가 갑자기 말하였다. "어렵고 어렵구나. 백 섬의 참깨를 나무 위에 늘어 놓는 일이로다." 거사의 아내가 듣자마자 말하였다. "쉽고도 쉽구나. 백 가지 풀 끝에 조사의 뜻이로다." 그의 딸 영조가 말하였다. "어렵지도 않고 쉽지도 않구나. 배고프면 밥을 먹고 피곤하면 잠을 자도다."

[예시 2] 선문염송 제8권 309. 명명(明明)

【古則】 龐居士坐次에 問靈照云하되 古人이 道하되 明明百草頭에 明明祖師意라하니 你作麽生會오한대 照云하되 這老漢이 頭白齒黃하야 作這箇見解로다하니 士云하되 你作麽生고한대 照云하되 明明百草頭에 明明祖師意니라하다

방거사가 앉았다가 영조에게 물었다. "옛 사람이 '밝고 밝은 백 가지 풀끝에 밝고 밝은 조사의 뜻이라' 했는데 너는 어떻게 생각하느냐?" 영조가 대답하였다. "이 노인이 머리가 허옇게 되고 이빨이 누렇게 되어서도 이러한 견해를 내다니." 거사가 물었다. "너는 어떠하냐?" 영조가 말하였다. "밝고 밝은 백 가지 풀끝에 밝고 밝은 조사의 뜻입니다."

雲門杲가 示衆에 擧此話云하되 龐居士는 先行不到하고 靈照女는 末後
大過로다 直饒齊行齊到라도 若到雲門인댄 一坑埋却하리라 且道하라 過
在甚麽處오 明明百草頭에 明明祖師意니라하다

운문고가 시중할 때에 이 이야기를 들어 말하였다. "방거사는 먼저 떠났는데 이르지 못했고, 영조아가씨는 뒤에 갔으나 훨씬 앞섰다. 설사 같이 가서 같이 이르렀더라도 나 운문에게 온다면 한 구덩이에 묻어 버리리라. 말해 보라. 허물이 어디에 있는가? 밝고 밝은 백 가지 풀끝에 밝고 밝은 조사의 뜻이니라."

[예시 3] 선문염송 제8권 265. 즉불(卽佛)

【古則】大梅山法常禪師가 問馬大師하되 如何是佛이닛고하니 祖云하되 卽心是佛이니라한대 師卽大悟하고 便入山卓菴하야 經于六載러니 祖一日에 忽然思之하고 乃敎一僧하야 去問하되 當時에 見馬大師하고 得甚麽道理완대 便卓菴去오한대 師云하되 當時에 見馬大師道卽心是佛하고 便向這裏住하노라하다 僧云하되 馬大師近日佛法이 別이니라하니 師云하되 作麽生別고한대 僧云하되 近日에 又道非心非佛이니라하거늘 師云하되 這老漢이 惑亂人하야 未有了日이로다 任汝非心非佛하고 我只管卽心卽佛하리라하다 其僧廻하야 擧似馬祖한대 祖云하되 大衆아 梅子熟也로다하다

대매산 법상선사가 마조에게 물었다. "어떤 것이 부처입니까?" 마조가 대답했다. "마음이 곧 부처니라." 선사가 크게 깨닫고 바로 산으로 들어가서 암자를 세우고 6년을 지냈는데 마조가 어느 날 갑자기 생각하고는 한 스님을 보내 묻게 하였다. "그때 마조를 뵙고 어떤 도리를 얻었기에 바로 암자를 지었습니까?" 선사가 말하였다.

"그 때 마조가 마음이 곧 부처라고 하는 것을 보고 여기에 머물게 되었다." 스님이 말하였다. "마조의 요즘 불법은 다릅니다." 선사가 물었다. "어떻게 다르던가?" 스님이 말하였다. "요즘은 마음도 아니요 부처도 아니라고 합니다." 그러자 선사가 말하였다. "그 노장이 사람 속이기를 그칠 날이 없구나. 그는 마음도 아니요 부처도 아니다라고 하라고 해라. 나는 여전히 마음이 곧 부처다라고 하리라." 그 스님이 돌아와서 마조에게 고하니 마조가 말하였다. "대중아, 매실이 익었도다."

文光 頌曰,

法常知一不知二(법상지일부지이)하고,
彼僧知二不知一(피승지이부지일)이라.
欲知諸佛出身處(욕지제불출신처)하면,
耳見目聞方可畢(이견목문방가필)이라.

문광이 송하되,
법상은 하나만 알고 둘은 알지 못하고
저 스님은 둘은 알고 하나는 알지 못하도다.
모든 부처님의 몸 나투신 곳을 알고자 한다면
귀로 보고 눈으로 들어야만 마칠 수 있으리라.

향상구向上句 공안公案이란?

"수행을 하다보면 법신변사(法身邊事)의 경지가 열렸는지, 여래선(如來禪)의 경지가 열렸는지, 향상구(向上句)의 경지가 열렸는지 진가(眞假)를 분별할 수가 없거든. 그렇기 때문에 허공보다 넓은 진리의 세계를 한쪽 부분만 보고 다 보았다고 하면 안 되는 것입니다."

"화두에는 법신변사(法身邊事)의 화두가 있고, 여래선(如來禪)의 화두가 있고, 향상구(向上句)·향하구(向下句)의 화두가 있고, 최초구(最初句)·말후구(末後句)의 화두가 있고, 일구(一句)·이구(二句)·삼구(三句)의 화두가 있다. 그렇기 때문에 본분종사(本分宗師)들은 항시 최고의 진리의 화두를 간택해 주지, 법신변사와 같은 것을 화두로 간택해 주지 않는다.

우리가 역대 조사 스님네들을 보건대, 두 번 세 번 깨달은 이들이 부지기수이다. 그것은 왜 그러냐하면, 일념무심삼매(一念無心三昧)에 들어가서 삼칠일이고 한 달이고 두 달이고 일 년이고 흐르는 그 가운데서 해결이 되면 더 깨달을 것이 없이 여지없이 깨닫게 되는데, 일념무심삼매가 안 되고 올연히 깨닫는 수가 더러 있다. 그런데 그것은 힘이 미약해서 낱낱 법문[차별법문]을 다 보지 못하기 때문에 다시 참구해야 된다. 두 번 세 번 깨닫게 되는 원인이 바로 거기에 있는 것이다. 그러니 향상구(向上句)를 들어서 일념무심삼매에서 해결이 된다면, 그것은 여지없이 깨달아 더 깨달을 것이 없다."

- 진제선사, 《선(禪) 백문백답》 참조 -

선문염송 가운데 법신변사와 향상구를 논한 공안

선문염송 제21권 869. 법신(法身)

撫州疎山光仁禪師가 示衆云하되 病僧이 咸通年已前에 會得法身邊事하고 咸通年已後에 會得法身向上事로다하니 雲門이 出問云하되 如何是法身邊事오한대 師云하되 枯椿이니라하다 如何是法身向上事오한대 師云하되 非枯椿이니라하다 門云하되 還許學人說道理也無닛가하거늘 師云하되 許로다하다 門云하되 只如枯椿이 豈不是明法身邊事리오한대 師云하되 是니라하다 門云하되 非枯椿은 豈不是明法身向上事리오한대 事云하되 是니라하다 門云하되 未審法身이 還該一切也無닛가한대 師云하되 法身이 周遍이어늘 爭得不該리오하다 門이 指淨瓶云하되 淨瓶上에 還有法身也無닛가한대 師云하되 莫向淨瓶邊覓하라하니 門이 便禮拜하다

무주 소산광인 선사가 시중하였다. "병승이 함통 이전에는 법신변사를 깨달았고, 함통 이후에는 법신의 향상사를 깨달았느니라." 운문이 나서서 물었다. "어떤 것이 법신변사입니까?" 선사가 말하였다. "마른 말뚝이니라." 다시 물었다. "어떤 것이 법신향상사입니까?" 선사가 대답하였다. "마른 말뚝이 아니니라." 다시 물었다. "학인이 그 도리를 이야기할 수 있습니까?" "허락하노라." 다시 물었다. "마른 말뚝이 그 어찌 법신변사를 밝힌 것이 아니겠습니까?" 선사가 대답하였다. "그러하노라." 다시 물었다. "마른 말뚝 아닌 것이 그 어찌 법신향상사를 밝힌 것이 아니겠습니까?" 선사가 대답하였다. "그러하니라." 다시 물었다. "법신이 일체를 꾸립니까?" 선사가 물었다. "법신이 두루했거늘 어찌 꾸리지 않으리요." 운문이 정병을 가리키면서 물었다. "정병 위에도 법신이 있습니까?" 선사가 대답했다. "정병 위에서 찾지

말라." 운문이 절을 하였다.

圓悟勤이 頌하되 法身向上法身邊이 間氣英靈五百年이로다 膠柒相投箭相拄하니 南山起雲北山雨로다

원오극근이 송하기를, 법신의 향상과 법신의 변사가 대운을 따라오는 영령들이 5백 년이로다. 아교와 칠이 서로 섞이고 화살과 시위가 마주 물리니 남산에 구름이 일어나자 북산엔 비가 내린다.

2장

선문염송禪門拈頌 요칙要則

선문염송禪門拈頌 집서集序

1. 도솔 兜率
2. 여인출정화 女人出定話
3. 돌부자 수일족 鈯斧子 垂一足
4. 장두백 해두흑 藏頭白 海頭黑
5. 일면불 월면불 日面佛 月面佛
6. 마조일할 馬祖一喝
7. 남전참묘 南泉斬猫
8. 조주무자 趙州無字
9. 조주 적양화 趙州 摘楊花
10. 영운도화 靈雲桃花
11. 여사미거 마사도래 驢事未去 馬事到來
12. 덕산탁발화 德山托鉢話
13. 일수대 일수익 一手擡 一手搦
14. 암두도자 巖頭渡子
15. 취암미모 翠巖眉毛
16. 파자소암 婆子燒庵

선문염송禪門拈頌 집서集序

詳夫自世尊迦葉已來로 代代相承하고 燈燈無盡하며 遞相密付하야 以爲正傳하니 其正傳密付之處는 非不該言義나 言義不足以及故로 雖有指陳이나 不立文字하고 以心傳心而已라 好事者는 强記其迹하고 載在方冊하야 傳之至今하니 則其麤迹은 固不足貴也라 然이나 不妨尋流而得源하고 據末而知本하니 得乎本源者는 雖萬別而言之나 未始不中也오 不得乎此者는 雖絶言而守之나 未始不惑也라 是以로 諸方尊宿은 不外文字하고 不悋慈悲하야 或徵或拈하고 或代或別하며 或頌或歌하고 發揚奧旨하야 以貽後人하니 則凡欲開正眼具玄機하야 羅籠三界에 提拔四生者는 捨此奚以哉리오 況本朝는 自祖聖會三已後로 以禪道延國祚하고 智論鎭隣兵하야 而悟宗論道之資가 莫斯爲急故로 宗門學者가 如渴之望飮하고 如飢之思食이라 余被學徒力請하고 念祖聖本懷하야 庶欲奉福於國家하고 有裨於佛法하야 乃率門人眞訓等하야 採集古話凡一千一百二十五則과 幷諸師拈頌等語要錄하야 成三十卷하니 以配傳燈이라 所冀는 堯風與禪風永扇하고 舜日共佛日恒明하야 海晏河淸하고 時和歲稔하야 物物各得其所하고 家家純樂無爲라 區區之心은 切切於此耳라 弟恨諸家語錄 未得盡覽하야 恐有遺脫이

라 所未盡者는 更待後賢하노라

貞祐十四年丙戌仲冬海東曹溪山修禪社無衣子序

　　생각해 보건데 세존과 가섭 이래로 대대로 서로 이어져 등불과 등불이 다함이 없이 서로 비밀히 부촉함으로써 바른 전법을 삼으니, 바르게 전하고 비밀히 부촉한 자리는 말과 이치를 갖추지 못할 바는 아니나 말과 이치로는 미치지 못하는 바가 있기 때문에 비록 가리켜 설명하는 일이 있어도 문자를 세우지 않고 마음으로써 마음을 전할 뿐이다.

　　일을 벌이기 좋아하는 이들이 그 행적을 억지로 기억하여 책에 실어서 지금까지 전하니, 그 거친 자취야 본디 소중히 여길 바가 아니나 흐름을 찾고 근원을 얻거나 끝에 의거하여 근본을 아는 것도 무방하다. 근원을 얻은 이는 비록 만 갈래의 다른 말이라도 적중하지 않는 일이 없고, 이를 얻지 못한 이는 비록 말을 떠나서 간직한다 해도 미혹하지 않는 일이 없으리라.

　　이런 까닭으로 제방의 큰스님들이 문자를 외면하지 않고 자비를 아끼지 않으면서 징(徵)[3]하고, 염(拈)[4]하고, 대(代)[5]하고, 별(別)[6]하고, 송(頌)[7]하고, 가(歌)[8]해서 깊은

---

3) 공안의 핵심을 따져 묻는 듯한 형식으로 '이 문제를 어떻게 여기는가?'와 같이 다시 제기하는 것을 말한다.
4) 공안의 핵심만 집어내듯이 가려서 들어보이는 형식을 말한다.
5) 문답에서 대답이 막힐 경우에, '나 같으면 이렇게 대답하리라.' 하는 형식을 말한다. 대중에게 물었을 때 대답이 없어서 대신 말하는 것과 옛 사람들이 대답하지 못한 것을 지금 대신하여 말하는 것이 있다.
6) 남의 말과 다르게 하는 형식으로서, '아무는 이 일을 무엇이라 했지만 나는 이렇게 하리라.' 하는 논리를 말한다.
7) 게송이나 시를 읊는 것을 말한다.
8) 시가 운문으로 된 데 반하여 불규칙하게 긴 노래의 형식을 말한다.

종지를 드러내어 후대 사람들에게 가르침을 남겨주셨으니, 바른 안목을 열어 현묘한 기틀을 갖추고 그물과 새장 같은 삼계(三界)의 속박에서 사생(四生)의 중생을 끌어내고자 하는 이라면 이(言義)를 저버리고서 무엇으로써 하겠는가?

하물며 이 나라는 선왕(왕건) 때에 삼한(三韓)을 통일한 이래 선도(禪道)로써 국가의 복을 늘리고 지혜로운 논리로써 이웃 군사를 진압했으니, 종지를 깨닫고 도를 논한 자료가 이보다 더 긴요한 것이 없으므로 종문(宗門)의 학자들은 목마를 때 마실 것을 기다리듯, 시장할 때 먹을 것을 생각하듯 하였다.

나는 학인들의 간곡한 청을 받고 선왕들의 본뜻을 생각하여 국가에 복을 더하고 불법에 도움이 되게 하고자 문인 진훈(眞訓) 등을 거느리고 옛 화두 1125칙과 아울러 여러 조사들의 염(拈)과 송(頌) 등 요긴한 말씀을 수록하여 30권을 완성하여 《전등록(傳燈錄)》과 짝이 되게 하였다. 바라는 바는 요풍(堯風)과 선풍(禪風)이 영원히 불고 순일(舜日)과 불일(佛日)이 항상 밝으며 바다는 편안하고 강은 맑으며 시절은 화평하고 해마다 풍년들어 만물이 각각 제자리를 얻고 집집마다 모두 무위(無爲)의 법을 즐기게 하려 함이니, 구구한 마음은 절절하게 여기에 있을 뿐이다.

다만 한스러운 일은 여러 대가들의 어록을 다 보지 못했으므로 빠진 바가 있을까 염려됨이니, 미진한 부분은 다시금 훗날의 현자를 기다리노라.

정우(貞祐) 14년(1224년) 병술년 11월에
해동 조계산 수선사에서
무의자(無衣子)가 서(序)하노라

1 도솔 兜率

《선문염송》 전체의 첫 번째 공안으로 제1권 제1칙이다.
첫 번째 공안이라는 의미에서 수록하였으나 실제 향상구 공안은 아니다.

古則
고칙

世尊이 未離兜率에 已降王宮하시고 未出母胎에 度人已畢하셨다.

세존께서 도솔천을 떠나시기 전에 이미 왕궁에 태어나셨으며,
어머니의 태에서 나오시기 전에 이미 사람들을 다 제도하셨다.

염송 拈頌

崑山元이 頌하되 未離兜率境하사 已降父王宮하시고 雖度衆生畢이나 猶居母腹中이로되 良由非妙用이오 亦不是神通이로다 勿自立規矩하고 承言須會宗이어다.

곤산원이 송하였다. 도솔천을 떠나시기 전에 이미 부왕의 궁전에 태어나셨고 비록 중생을 다 제도하셨어도 여전히 어머니 태중에 계신다 하나 참으로 묘한 재주가 아니요 또한 신통도 아니니 스스로 법도를 세우지 말고 말을 이어서 모름지기 종지를 알아야 하리라.

圜悟勤이 頌하되 大象本無形이오 至虛包萬有로다 末後已大過하니 面南看北斗로다 王宮兜率과 度生出胎가 始終一貫이오 初無去來니 掃蹤滅迹除根蔕하면 火裏蓮花處處開하리라.

원오근이 송하였다. 큰 형상은 본래 형체가 없으며 지극히 빔은 만물을 포함한다. 꼴찌가 이미 앞장을 섰고 남쪽으로 얼굴 돌려 북두칠성을 보노라. 왕궁과 도솔천과 중생제도와 태에서 나옴이 시종일관하여 애초부터 가고 옴이 없으니 자취를 쓸어 없애고 뿌리를 뽑아 버려야 불 속의 연꽃이 곳곳에 피어나리.

大慧杲가 頌하되 利刃有蜜不須舐오 蠱毒之家水莫嘗하라 不舐不嘗
俱不犯하야사 端然衣錦自還鄕하리라.

대혜고가 송하였다. 비수 끝에 발린 꿀 핥지를 말고 비상 파는 집에선 물맛을 보지 말라. 핥지 않고 맛보지 않아 모두 범치 않으면 분명히 비단옷 입고 고향으로 돌아가리.

竹庵珪가 頌하되 是非海裏橫身入이오 豺虎群中自在行이라 莫把是非
來辨我하라 平生穿鑿不相關이니라.

죽암규[9]가 송하였다. 시비의 바다에 몸을 던지고 승냥이 호랑이 떼 속에서 자재하게 다닌다. 시비를 가져와서 나를 분별하지 말라. 평생 천착해도 아무 상관 없도다.

天衣懷가 上堂하야 擧此話云하되 恁麼說話가 早是平地陷人이로다. 其
次鹿園이오 終乎鶴樹하니 於其中間 四十九年에 張羅布網함이 枝蔓上
更生枝蔓이로다하다.

천의회가 상당하여 이 이야기를 들어 말하였다. 이렇게 말한 것도 벌써 평지에서 사람을 구덩이에 빠뜨렸는데 그 다음에 녹야원으로부터 학림에서 열반에 드시기까지 49년 동안 비단을 펼치고 그물을 펴니 넝쿨에서 다시 넝쿨이 돋았구나.

---

9) 죽암 시규(竹庵 士珪, ?-1146). 송나라 때 임제종 양기파 선사로 속성은 사(史)씨이며 사천(四川) 성도(成都) 출신이다. 처음에는 대자 종아(大慈 宗雅) 선사에게 귀의했지만 용문(龍門)에서 청원(淸遠) 선사를 만나 참학하여 대오하고 법을 이었다.

翠嵓悅이 上堂하야 擧此話云하되 法輪到這裏하야 有口無用處로다 你等諸人이 還相委悉麽아 若相委悉인댄 天下老和尙鼻孔이 總在你手裏오 若也不會인댄 啼得血流無用處하니 不如緘口過殘春이로다하다.

취암열이 상당하여 이 이야기를 들어 말하였다. 법륜이 이 지경에 이르러서는 입이 있어도 쓸모가 없구나. 그대 여러분들은 잘 알겠는가? 만일 잘 알 수 있다면 천하 노화상들의 콧구멍이 몽땅 그대들의 손아귀에 있겠지만 만일 알지 못한다면 피를 토하도록 울어도 소용이 없으니 입을 다물고 남은 봄을 보내는 것만 못하리라.

海印信이 上堂하야 擧此話云하되 諸仁者여 且道하라 釋迦老子가 四十九年에 當爲何事오 請試明辨看하라 還有麽아 所以로 道호대 諸佛出世에 好與二十棒이오 達磨西來에 好與二十捧이오 更有二十棒하니 切忌動着하리라 動着則打折你腰하리라하고 喝一喝하다.

해인신이 상당하여 이 이야기를 들어 말하였다. 여러분 말해보라. 석가 노자는 49년 동안 무엇을 하려했던가. 소상히 변론해 보시게나. 말할 사람이 있는가? 그러기에 말하기를 부처님들이 세상에 나타나도 20방을 때리는 것이 좋고, 달마가 서역에서 와도 20방을 때리는 것이 좋겠다 하였느니라. 다시 20방이 있으니 꼼짝 말라. 움직거리면 그대의 허리를 쳐서 꺾으리라 하고는 한번 할을 하였다.

承天懷가 上堂하야 擧此話云하되 諸仁者여 未離兜率하고 已降王宮은 卽不無어니와 且道하라 未出母胎에 如何度人고 若向這裏하야 搆得去하면 可謂一見能超三句外하야 蘆花只在月明中이어니와 若也未然인댄 得皮得髓將安用고 蹉過曹溪路八千이로다하고 擊禪床하다.

승천회가 상당하여 이 이야기를 들어 말하였다. 여러분 도솔천을 떠나지 않고 이미 왕궁에 태어나신 일은 없지 않다고 하나 한번 말해보라. 어머니의 태에서 나오시기 전에 어떻게 사람을 다 제도했겠는가? 만일 이 속에서 살림을 꾸려나가면 한번 보고서 능히 3구 밖으로 초월하여 갈대꽃은 다만 달 밝은 데 있다 하겠거니와 만일 그렇지 못하다면 가죽을 얻건 골수를 얻건 무슨 소용이 있으랴. 조계의 길과는 8천 리를 어긋나리라 하고는 선상을 쳤다.

長靈卓이 上堂云하되 未離兜率하고 已降王宮이라하니 釋迦老子가 向者裏하야 掩耳偸鈴이로다 未出母胎에 度人已畢이라하니 直饒伊麼라도 也未是性燥勤絶底漢이온 何況更有周行七步와 目顧四方이리오 向什麼處去也오 祖父當時에 旣已和身放倒라 兒孫은 今日에 又且如何오 欲得昌隆後嗣하고 別現淸規인댄 試向出空入有하며 變化無方處하야 下一轉語하라하다.

장령탁이 상당하여 말하였다. 도솔천을 떠나지 않고 이미 왕궁에 태어나셨다 하니 석가 노자가 이 속에서 마치 귀를 가리고 방울을 훔치려는 꼴이구나. 어머니의 배에서 나오시기도 전에 벌써 사람들을 다 제도하셨다 하니, 설사 그렇다 하더라도 성품이 조급하여 단번에 끊는 이가 아니거든 하물며 두루 일곱 걸음을 걷고 눈으로 사방을 둘러볼 필요가 있겠는가? 어디로 갈 것인가? 조상 때부터 이렇게 곤두박질을 했으니 자손들이 오늘 다시 어찌하랴. 번성한 후손을 얻어 따로 청규를 세우고자 하면 공(空)에서 나와서 유(有)로 들어가 변화가 끝없는 곳에서 한마디 일러보라.

松源이 上堂하야 擧此話云하되 黃面老子가 末上에 擔一片板하고 只見一邊하야 致令後代兒孫으로 盡力擡脚不起로다.

송원이 상당하여 이 이야기를 들어 말하였다. 황면노자는 끝내 한 조각의 판자를 메고 다만 한쪽만 보았으므로 후대 자손들로 하여금 전력을 다해 다리를 들어 올려도 일어나지 못하게 만들었구나.

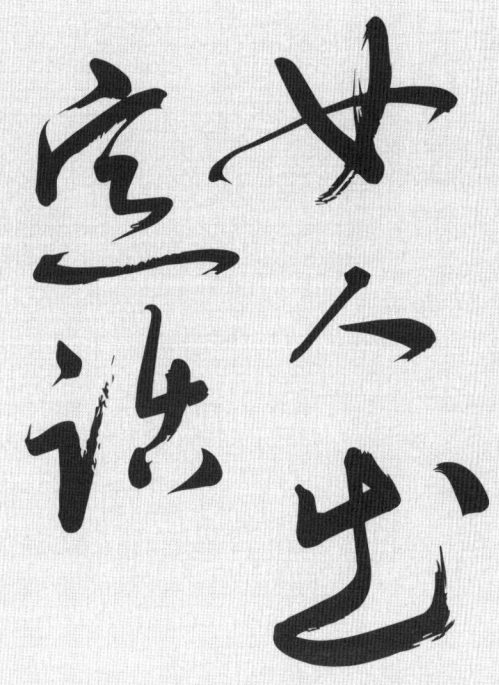

② 여인출정화 女人出定話

《선문염송》 제2권 32. '여자(女子)'
《선문염송》에는 모든 공안에 대해서 두 글자로 제목을 달아두었다.
이 책의 화두 이름은 일반적으로 부르는 공안의 명칭을 사용하였다.

古則
고칙

世尊이 因文殊가 至諸佛集處한대 値諸佛各還本處하고 唯有一女하야 近彼佛坐하야 入於三昧어늘 文殊가 乃白佛하되 云何此女는 得近佛坐어늘 而我不得이닛고한대 佛告文殊하시되 汝는 但覺此女하야 令從三昧起하야 汝自問之하라하야 文殊가 遶女三匝하고 鳴指一下하며 [或云三下라] 乃托至梵天하야 盡其神力而不能出이라 世尊云하시되 假使百千文殊라도 亦出此女定不得이어니와 下方에 過四十二恒河沙國土하야 有罔明菩薩하니 能出此定하리라한대 須臾에 罔明大士가 從地湧出하야 作禮世尊이어늘 世尊이 勅令出定하신대 罔明이 鳴指一下하니 女遂出定이라 [有本에 大同小異라]

　　세존께서 [이와 같은] 인연이 있었으니, 문수가 모든 부처님들이 모이신 곳에 당도함에 모든 부처님이 본래의 처소로 돌아가셨고 오직 한 여인이 있어 저 부처님 가까이에 앉아 삼매에 들어 있거늘 문수가 이에 부처님께 아뢰되 "어찌하여 이 여인은 부처님 곁에 앉았거늘 저는 그러지 못합니까?" 하니, 부처님이 문수에게 아뢰셨다. "그대가 바로 이 여인을 깨워 삼매에서 일어나게 하여 그대가 직접 물어보라." 문수가 여인을 세 바퀴 돌고 손가락을 한 번 튀기고 [혹은 세 번이라고도 한다] 이어 범천에 튀어 올라 신통력을 다하였으나 삼매에서 나오게 할 수 없었다. 세존께서 말씀하셨다. "설사 백천 문수라 하더라도 역시 이 여인을 선정에서 나오게 할 수 없으니 하방에 42항하사 국토를 지나 망명보살이라고 있어 이 선정에서 나오게 할 수 있느니라." 잠깐 사이에 망명대사(보살)가 땅에서 솟아올라 세존께 절을 하니 세존께서 선정에서 나오게 하라고 명하시니 망명이 손가락을 한 번 튕겨서 여인이 드디어 선정에서 나왔다. [다른 본에도 대동소이하다.]

보론 補論

《선문염송》에서 '인(因)'의 번역

본서에서 '인(因)'은 '무문자설(無問自說)'이라는 불교 고유의 서술 형식이라는 데 초점을 맞춰 번역했다. '무문자설'이란 '질문하지 않은 것을 먼저 세존이 답한 경우가 드물다는 것'과 '묻지 않았는데 먼저 법을 설하지 말라는 스님의 계율'에 입각한 것으로, '어떠한 물음이 원인이 되어서 답을 하게 되었다는 것'을 뜻한다.

이에 따라 '여인출정화' 고칙(古則) 중 "世尊이 因文殊가 至諸佛集處한대 値諸佛各還本處하고 唯有一女하야 近彼佛坐하야 入於三昧어늘 文殊가 乃白佛하되……"의 번역은 기존 번역서와는 다르게 하였다.

동국역경원은 이 부분을 "세존께서, 문수가 부처님들이 모이신 곳에 이르렀을 때, 부처님들은 모두 자기 처소로 돌아가셨는데, 오직 한 여자가 세존의 곁에 앉아서 삼매에 들어 있었다. 이에 문수가 부처님께 여쭈었다."로 번역했다.

본서에서 다루고 있는 '장두백 해두흑', '조주무자', '조주 적양화', '여사미거 마사도래' 등의 고칙에서의 '인(因)'의 번역 역시 이와 동일하다.

인(因)'의 번역 예시

馬祖가 因僧問 離四句絶百非 請師直指西來意하소서하여 師云……

::: 일반적 번역

마조에게 스님이 물었다. "사구를 여의고 백비를 끊고서 스님께 청컨대 서래의를 곧장 일러주십시오." 하니 마조 스님이 말하기를…….

::: 因의 용법에 따른 직역

마조가 한 스님이 "사구를 여의고 백비를 끊고서 스님께 청컨대 서래의를 곧장 일러주십시오."라고 물은 것에 인연하여(원인이 되어), 스님이 말하기를…….

::: 참조

❶ '백염적(白拈賊)'[10] : 선문염송 제16권 617. 무위(無爲)

> [古則] 臨濟示衆云하되 有一無位眞人하니 常從汝等諸人面門出入한대 未證據者는 看看하라 時有僧出問하되 如何是無位眞人고 師下禪床擒住云하되 道道하라 僧擬議하니 師托開云하되 無位眞人은 是什麼乾屎橛인고 [雪峯聞云하되 臨際大似白拈賊이로다]

❷ '馬駒踏殺天下人(마구답살천하인)이요 臨濟未是白拈賊(임제미시백염적)이로다'

진제 선사가 덕산탁발화(德山托鉢話) 공안을 점검하며 대중에게 점검한 법문.
(동화사 금당선원 결제법어 중에서)

---

10) 백염적(白拈賊): 손에 한 물건도 가지지 않고, 교묘히 남의 물건을 훔치고서도 자취를 남기지 않음을 말한다. 이는 중생들이 갖고 있는 번뇌망상을 알지 못하는 사이에 빼앗아 본래의 순수한 인간으로 되돌리는 대도사라는 뜻이며 남의 눈에 띄지 않는 교묘한 작용을 갖춘 선사를 비유한 말이냐. 임제 선사가 사람들의 번뇌망상을 교묘히 제거하는 것을 찬탄해서 그를 대낮의 도둑이라 말한 것이다.

염송 拈頌

天衣懷가 頌하되 文殊는 托上梵天하고 罔明은 輕輕彈指라 女子와 黃面瞿曇은 看他一倒一起로다.

천의회[11]가 송하였다. 문수는 위로 범천에까지 올랐으나 망명은 가볍게 손가락을 튀기니 여자와 황면구담[12]은 저들이 넘어지고 일어서는 꼴을 구경하네.

蔣山泉이 頌하되 千眼이 莫辨來由라 孤坐는 是何三昧오 文殊着力雖多나 女子隨邪亦殺[13]로다 罔明關棙를 有誰知오 雨過春山如潑黛로다.

---

11) 천의 의회(天衣 義懷, 992-1064): 북송의 고승으로 설두 중현의 법제자이다. 운문종의 4대 조사이며 절강성 약청(樂淸) 사람으로 속성은 진(陳)씨이다. 집안이 대대로 어업으로 생계를 유지했는데 어릴 때 배 말미에서 부친이 잡은 고기를 불쌍히 여겨 도로 풀어주곤 했다.

12) 황면(黃面)은 석가모니를 일컫는다. 구담(瞿曇)은 범어 gautama(Siddhārtha Gautama, 석가모니가 출가하기 전 태자 때의 이름) 빨리어 gotama의 음사로, 석가모니의 성(姓)이다. 부처의 몸이 황금빛이라는 데서 유래한 명칭으로, 부처가 카필라바스투(kapilavastu)에서 태어난 것도 이러한 별칭을 얻게 된 것과 관계가 깊다. 즉 산스크리트어 카필라(kapila)는 황색·황적색을 의미하는 말이고, 카필라라는 지명은 머리카락이 노란 황두선인(黃頭仙人)이 살았다고 하여 붙여진 이름이다.

13) 1. 죽이다 2. 죽다 3. 없애다 4. 지우다 5. 감하다(減--) 6. 얻다 7. 어조사(語助辭) a. 감하다(減--) 쇄) b. 내리다 (쇄) c. 덜다 (쇄) d. 심하다(甚--: 정도가 지나치다) (쇄) e. 빠르다 (쇄) f. 매우 (쇄) g. 대단히 (쇄) h. 맴도는 모양 (설) i. 윗사람 죽일 (시). 여기서는 심할 쇄로 본다. (2구의 昧가 거성 九泰 운

장산천[14]이 송하였다. 천개의 눈이 그 까닭을 분별치 못하나니 홀로 앉은 것이 어떤 삼매이던고. 문수가 비록 많은 힘을 들였으나 여자가 삿된 것을 따름 또한 심하였네. 망명의 빗장[15]은 누가 알리요. 비가 지난 봄 동산은 검푸른 물감[16] 뿌린 듯하네.

石門易가 頌하되 坐擁群峯覆白雲하니 鸎啼深谷不知春이라 嵓前花雨紛紛落하니 夢覺初廻識故人이로다.

석문이[17]가 송하였다. 흰 구름 덮인 뭇 봉우리들 품고 앉았노라니 깊은 골에 꾀꼬리 울어도 봄소식 모르는구나. 바위 앞에 후두둑 꽃비 내리는데 꿈 깨고서 첫 눈에 옛 친구를 알아보네.

雲居祐가 頌하되 百千文殊出不得하되 罔明不費纖毫力이라 落霞는 與孤鶩齊飛하고 秋水는 共長天一色이로다.

운거우[18]가 송하였다. 백천 문수도 깨어나게 하지 못하는데 망명은 털끝만한 힘도 쓰

자이고, 4구의 殺은 거성 10卦 운자이고, 6구의 黛는 거성 11隊의 운자이다.

14) 장산 법천(蔣山 法泉): 송나라 때 운문종의 선사로 만권의 책을 읽었다고 하여 총림에서 '천만권'이라 불리웠다. 소동파와의 문답이 유명하다. 시호는 불혜(佛慧)이다.
15) 관려(關棙): '관려자'로 쓰기도 한다. 선가에서 자주 쓰이는 말로, '불교의 알기 어려운 진리를 알아내는 요체, 핵심'이란 의미한다.
16) 발대(潑黛): 물뿌릴 발, 눈썹먹 대(청흑색 물감으로 고대에 여자가 눈썹을 그렸다. 青黑色的顏料, 古代女子用來畫眉)
17) 석문 원이(石門 元易, 1053-1137). 조동종의 부용 도해(芙蓉 道楷) 선사의 법제자로 만년에 양주(襄州)에 주석했으며《자용사십팔현(慈容四十八現)》이라는 시집을 남겼다.
18) 운거 원우(雲居 元祐, 1027-1092): 임제종 황룡파의 선사로 황룡 혜남의 법제자이다.

지 않았네. 저녁노을은 외로운 따오기와 함께 날고 가을 물은 맑은 하늘과 한빛이로다.[19]

佛陀遜이 頌하되 逞盡神通不奈何어늘 輕輕彈指不消多로다 泥牛入海成龍去어늘 跛鼈依前滯網羅로다.

불타손[20]이 송하였다. 신통을 다하여도 어쩔 수 없거늘 가볍게 손가락을 튀겨 많은 힘 안 들였네. 진흙소는 바다에 들어 용이 되었거늘 절름발이 자라는 여전히 그물에 걸리네.

佛印淸이 頌하되 文殊師利는 一二三이요 罔明大士는 五六七이라 可憐黃面老瞿曇이 爲他女子費心力이라 又頌하되 一拳拳倒黃鶴樓하고 一踢踢翻鸚鵡洲로다 欲識罔明親出定인댄 靑山不動水長流로다.

불인청[21]이 송하였다. 문수사리는 1, 2, 3이요 망명보살은 5, 6, 7이로다. 딱하구나 황면 노구담은 저 여자 때문에 많은 애를 썼구나. 또 송하였다. 한 주먹으로 황학루[22]를 쳐서 넘기고 한 발로 앵무주[23]를 밟아 엎는다. 망명이 친히 선정에서 나오게 한

---

19) "落霞與孤鶩齊飛, 秋水共長天一色(낙하여고무제비, 추수공장천일색)": 왕발(王勃)의 〈등왕각서(滕王閣序)〉의 구절.
20) 불타 덕손(佛陀 德遜) 선사.
21) 불인 지청(佛印 智淸) 선사.
22) 황학루(黃鶴樓): 중국 호북성 무한시 황학산에 있는 누각으로 비문위(費文褘)가 신선이 되어 하늘로 날 때 황학을 타고 가다가 여기에서 쉬었다고 한다.
23) 앵무주(鸚鵡洲): 중국 호북성 무한시 무창성 밖 장강 가운데에 있는 섬. 빈객들을 모아놓고 큰 연회

일을 알고 싶은가? 청산은 움직이지 않는데 강물은 유유히 흐르도다.

雪竇寧이 頌하되 悄者賣憨하고 獃郞作脫이라 活中解死하고 死中能活이로다 今人不本箇來由하고 也道親逢做始末이로다.

설두녕이 송하였다. 근심하는 이는 어리석음을 팔고 천치 같은 서방님은 해탈을 했다. 산 가운데 죽음을 알고 죽음 가운데서 능히 살아나도다. 요즘 사람이 까닭을 규명치 않고 전후 사정을 다 아는 이를 만났다 하더라.

佛跡琪가 頌하되 跏趺默對紫金山하니 惆悵文殊出定難이로다 不得罔明從後救런들 至今應是更瞞盰이로다.

불적기가 송하였다. 가부좌하고 잠자코 자금산을 대하니 문수가 선정에서 나오게 하기 어려움을 슬퍼하노라. 망명이 뒤늦게 구해 주지 않았던들 지금껏 눈을 부릅뜨고 마주 앉아 속았으리라.

崇勝琪가 頌하되 女人入定이 復何因고 鷲嶺巍巍豈可論고 妙德은 此時休仗劍하고 罔明은 無佛處稱尊이로다 雲陰이 不獨霧重黲하고 雨暴는 仍兼雷更犇이로다 莫言展楊殊無地하라 須信看山別有門이라.

를 열 때 예형(禰衡)이 즉석에서 붓을 들고 절세의 명편인 〈앵무부(鸚鵡賦)〉를 지었기에 얻어진 이름이다.

숭숭공[24]이 송하였다. 여인이 선정에 든 것은 다시 무슨 인연이던고. 영취산이 높고 높아 어찌 논할 수 있겠는가. 묘덕(문수)은 이런 때에 칼을 잡지 않고 망명은 부처 없는 곳에서 높은 체 하는구나. 구름 그림자는 매우 짙은 안개와 함께 하고 소나기는 요란한 우레와 거듭 겸하는구나. 자리를 펴려 해도 마땅한 곳 없다고 말하지 말라. 산을 바라봄에 별도로 문이 있음을 믿어야 하리.

慈受가 頌하되 長江輥底浪如銀하고 秋日白蘋紅蓼新이라 莫恠扁舟難到岸하라 行船由在把梢人이라.

자수[25]가 송하였다. 장강의 세찬 물결이 은빛 같은 파도로다. 가을날 하얀 부평초 붉은 여뀌 새롭구나. 조각배 건너기 어렵다고 괴이치 말지니, 배를 젓는 건 삿대 잡은 이에게 달려있네.

曹溪明이 頌하되 女子如癡喚不迴어늘 文殊轟動梵天雷로다 罔明擧手輕彈指하니 底事茫然出定來로다.

조계명이 송하였다. 여자는 바보 같아 불러도 돌아보지 않는데, 문수는 시끌벅적 범

---

24) 숭승 원공(崇勝 院珙) 선사.
25) 자수 회심(慈受 懷深, 1077-1132): 송대 운문종의 선사이다.

천²⁶⁾의 우레 소리 울리네. 망명이 손들어 가벼이 손가락 튕기니, 이 일²⁷⁾로 망연하게 선정에서 깨어 나왔다네.

圜悟勤이 頌하되 大定等虛空이라 廓然誰辨的고 女子與瞿曇이여 據令何調直고 師子奮迅兮여 搖乾蕩坤이요 象王迴旋兮여 不資餘力이로다 孰勝孰負며 誰出誰入고 雨散雲收하니 靑天白日이로다 君不見가 馬駒踏殺天下人하고 臨濟未是白拈賊이로다.

원오근²⁸⁾이 송하였다. 깊은 선정은 허공과 같으니, 확연하게 누가 분별 하리오? 여자와 구담이여, 명령을 따름이 어찌 그리도 고지식한가? 문수사자가 기지개를 켜니, 하늘과 땅이 다 흔들리는데, 망명 코끼리는 돌아보아도, 다른 힘을 들이지 않았도다. 누가 이기고 누가 졌으며, 누가 나오고 누가 들었는가? 비는 그치고 구름 걷히니, 푸른 하늘 밝은 태양이로다. 그대는 보지 못했는가? 망아지 한마리가 천하 사람들을 밟아 죽이니, 임제 선사도 날도둑이 되지 못함이로다.

---

26) brahmā ①색계의 초선천(初禪天), 곧 범중천(梵衆天)·범보천(梵輔天)·대범천(大梵天)을 말한다. ②색계 초선천의 왕인 대범천을 일컫는다. 이름은 시기(尸棄, śikhin)라 하고, 도리천의 왕인 제석(帝釋)과 함께 불법(佛法)을 수호한다. ③ 바라문교에서 우주를 창조하고 전개시키는 최고 원리인 브라흐만(brahman, 梵)을 신격화한 말, 또는 그 신의 세계.

27) 底事 = 這事, 此事.

28) 원오 극근(圜悟 克勤, 1063-1135): 송나라의 임제종 양기파(楊岐派)에 속한 선사이다. 휘가 극근(克勤)이고, 자는 무착(無著)이며, 원오는 남송 고종에게 받은 사호(賜號)이다. 북송 휘종은 불과 선사(佛果 禪師)라는 호를, 남송 고종은 진각 선사(眞覺 禪師)라는 호를 내려 극진히 존경했다. 원오 극근은 오조 법연(五祖 法演)의 수제자이다. 불안 청원(佛眼 淸遠), 불감 혜근(佛鑑 慧懃), 원오 극근(圜悟 克勤)을 오소 법연 문하의 세 무저라고 한다. 제48대 조사 원오 극근의 법은 제49대 조사 호구 소융과 대혜 종고에게 이어졌다. 《벽암록》은 그의 저작으로 현재 한국 불교의 종문 제일서이자 최고의 참선교과서로 알려져 있다.

佛眼遠이 頌하되 出得出不得이 初不離是定이라 聖者起凡情이요 凡人而乃聖이로다 倒用與橫拈이요 扶邪及顯正이로다 春雨春風竹戶凉이요 落花啼鳥千峯靜이로다.

불안원[29]이 송하였다. 나오게 하건 나오게 하지 못하건 본래 이 선정에서 떠나지 않았으니 성인이 범부의 소견을 일으키고 범부가 성인이 되었구나. 거꾸로 쓰고 옆으로 드러냄이여, 삿됨을 다스림과 바름을 드러냄이라. 봄비와 봄바람에 대나무 사립문이 서늘하고 지는 꽃 우는 새에 일천 봉우리 고요하도다.

佛鑑勤이 頌하되 世尊嗔文殊喜요 罔明輕輕彈指로다 瞎驢逐隊過新羅어늘 吃嘹舌頭三千里로다.

불감근[30]이 송하였다. 세존은 성을 내고 문수는 기뻐하는데 망명은 가볍게 손가락을 튀기었네. 눈먼 나귀는 무리를 좇아 신라를 지났거늘 말을 더듬거리는 혀만 3천 리나 되더라.

---

29) 불안 청원(佛眼 淸遠, 1067-1120):《불안청원선사어록(佛眼淸遠禪師語錄)》이 있다. 임제종 양기파에 속하는 불안파가 있다. 법을 얻은 후 서주(舒州) 용문산(龍門山)에서 주하며 선풍을 고취하였다. 문하에 오거 도행(烏巨 道行), 죽암 사규(竹庵 士珪), 목암 법충(牧庵 法忠), 고암 선오(高庵 善悟) 등이 있다.

30) 불감 혜근(佛鑑 慧懃, 1059-1117): 송대 임제종 선사이다. 서주(舒州, 안위성에 속함) 사람으로 속성은 왕(汪)이고 자(字)는 불감(佛鑑)이다. 어려서 광교 원심(廣教 圓深)에 사사하고 오조 법연(五祖 法演)을 뵙고 그의 법을 잇는 제자가 되었다. 일찍이 서주태수(舒州太守) 손정신(孫鼎臣)의 청으로 태평산 흥국선원에 머물며 법도를 크게 베풀었다. 변경(汴京) 지해사(智海寺)에 주석하였고, 세수 57세에 입적했다. 불과 극근(佛果 克勤), 불안 청원과 함께 오조 법연 문하의 3불이라고 전해진다.

大慧杲가 頌하되 出得出不得하니 是定非正定이라 罔明與文殊가 喪却窮性命이로다.

대혜고[31]가 송하였다. 나오게 하건 나오게 하지 못하건 이 선정은 바른 선정이 아니거늘 망명과 문수는 궁한 생명을 잃을 뻔했구나.

竹庵珪가 頌하되 不假文殊神通하고 休要罔明彈指라 爾時靈山會中에 女子從定而起니라

죽암규[32]가 송하였다. 문수는 신통을 빌리지 말고 망명은 손가락을 튕기지 말라. 그때서야 영산회상에서 여자가 삼매로부터 일어나리라.

牧庵忠이 頌하되 秤錘落井하니 只有秤衡이라 兩兩相憶에 分物不平이로다 方始取出秤錘나 忽又失却秤衡이로다 始去隣家借覓하니 衡上不曾釘星이로다 休休하라 重者從他重이요 輕者從他輕이니라.

목암충[33]이 송하였다. 저울추가 우물에 떨어지니 저울대만 남았다. 양쪽이 서로 기억하지만 물건을 분별함이 공평하지 못하도다. 겨우 저울추를 건져냈으나 돌연 다시 저울대를 잃어버렸다. 겨우 이웃집에 가서 빌렸으나 저울대 위에 눈금바늘이 없구

---

31) 대혜 종고(大慧 宗杲, 1089-1163): 시호는 보각 선사(普覺 禪師). 중국 남송시대의 선승으로 임제종 양기파(楊岐派)의 5대 전인(傳人)이다. 묵조선을 비판하고 간화선을 제창하여 선종 불교의 발달에 큰 영향을 끼쳤다. 남송 초기에 금나라와의 주전론(主戰論)을 주장한 대표 인물이기도 하다. 《선문염송》에 운문고(雲門杲), 경산고(徑山杲) 등으로 다양하게 나온다

32) 죽암 사규(竹庵 士珪, 1082-1146) 선사로 불감 청원의 제자이다.

33) 목암 법충(牧庵 法忠, 1084-1149) 선사로 불감 청원의 제자이다.

나. 쉬고 또 쉬어라. 무거운 것은 무거운 대로 두고 가벼운 것은 가벼운 대로 두어라.

泉山念가 頌하되 女子身中入定時에 幞頭兩脚掛雙眉로다 由來畵猫要驚鼠어늘 一朝擘破鼠渾欺로다.

천산여가 송하였다. 여자의 몸으로 삼매에 들었을 때 복두[34]의 양 끈이 두 눈썹에 걸렸도다. 원래 그림 고양이는 쥐를 놀라게 하려는 것인데 하루아침에 엄지손가락으로 부수니 쥐는 어리석게도 속는구나.

心聞賁이 頌하되 山家不置蓮花漏하니 夜裏酣眠摠不知라 驀地夢迴聞鳥叫하고 方知天曉已多時로다.

심문분[35]이 송하였다. 산골 집에 연화루[36]를 두지 않으니 밤중에 달콤한 잠에 아무것도 몰랐구나. 갑자기 꿈에서 깨어 새소리를 들으니 날이 샌 지 오랜 줄을 비로소 알도다.

慈航朴이 頌하되 姸皮不裹癡骨이요 笑面寧受嗔拳이리오 黃面瞿曇漏

---

34) 남북조시대 북조의 후주(後周; 北周)의 무제(武帝)가 만든 것으로 수건의 네 귀를 접어 네 뿔이 나게 하여 여인이 쓰게 했던 것이다.
35) 심문 담분(心聞 曇賁): 임제종 황룡파의 선사로 육왕 개심(育王 介諶) 선사의 법제자이며, 남악의 16세 법손이다.
36) 여산 혜원(廬山 慧遠)이 연꽃으로 누수(漏水)를 만들어 시계로 쓴 것을 말한다.

逗여 迢迢十萬八千이로다.

자항박이 송하였다. 보드라운 가죽은 어리석은 뼈를 싸지 않고 웃는 낯이 어찌 성난 주먹을 받으리오. 황면구담의 부주의[37]함이여, 아득하여 10만 8천리로다.

寒嵓升이 頌하되 一色春歸上苑時에 鮮葩艶蕚滿枝枝로다 桃紅李白薔薇紫를 問着東君摠不知로다.

한암승이 송하였다. 한 가닥 봄기운이 상원에 돌아오니 곱고 예쁜 꽃들이 가지마다 만발하네. 복사꽃 붉고 오얏꽃 희고 장미꽃 붉은 이치를 동군(봄)에게 물어봐도 전혀 알지 못하노라.

松源이 頌하되 出得出不得이 攛落精靈窟이로다 何處不風流리오 祖師無妙訣이니라.

송원이 송하였다. 나오게 하거나 나오게 하지 못하거나 정령의 소굴에 떨어지도다. 어느 곳인들 풍류가 아니리오. 조사에겐 묘한 비결이 없도다.

介庵朋이 頌하되 今日天色暗曚昧하니 江神去赴海神會라 狂風拔出老樹根하고 浪打石頭如粉碎로다.

개암붕이 송하였다. 오늘 날씨가 어두침침하니 강신은 떠나가 해신과 만나네. 광풍이

---

37) 누두(漏逗): ①疏漏(소루), 疏忽(소홀) ②間闊(간활; 소식이 끊김).

늙은 나무 뿌리를 뽑아내고 파도는 바위를 쳐 가루같이 부수도다.

密庵傑이 頌하되 出得何如未出時오 瞎驢成隊喪全機로다 而今四海平如砥하니 蘆管迎風撩亂吹로다.

밀암걸[38]이 송하였다. 나온 뒤가 어찌 나오기 전만 하리. 눈먼 나귀가 무리를 이루니 온 기틀을 잃었도다. 지금 사해가 평평하기가 숫돌 같은데 갈대 피리가 바람을 맞아 어지러이 울어댄다.

本然居士가 頌하되 一場雜劇有來由하니 只要傍人笑不休라 忽地雨淋粧粉盡하니 不堪羞處也堪羞로다.

본연거사가 송하였다. 한바탕 연극이 까닭이 있었으니 보는 사람 웃음 그치지 않으려는 듯. 문득 비를 뿌려 분장이 다 지워지니 부끄러움 감당치 못하는 곳 역시 부끄러워라.

悅齋居士가 頌하되 文殊爲我忒殺奢하고 罔明爲我忒煞儉이로다 令人還憶謝玄暉하니 解道澄江淨如練이로다.

열재거사가 송하였다. 문수는 나를 위해 지나치게 과분하고 망명은 나를 위해 지나치

---

38) 밀암 함걸(密庵 咸傑, 1118-1186): 응암 담화(應庵 曇華)의 법제자. 오거사(烏巨寺)에 주지하였고 천동사(天童寺)에서 입적하였다.

게 부족하네.^39) '사람으로 하여금 도리어 사현휘(謝玄暉)^40)를 그립게 하니 맑은 강물 깨끗하기가 명주 같단 말^41) 알 듯하구나.'^42)

五雲이 拈하되 不唯文殊不能出此定이라 但恐如來도 也出此定不得이로다 只如敎意는 怎生體解오하다.

오운이 염하였다. 문수가 이 선정을 깨우지 못할 뿐만 아니라 여래도 역시 이 선정을 깨우지 못할까 걱정이니 교리의 뜻은 어떻게^43) 체득할고?

夾山齡이 拈하되 者公案을 無不委知니 文殊는 爲什麽出不得고 罔明은 爲什麽出得고 諸人儻^44)具奔流度刃底眼인댄 非但見者一隊漢敗闕이라 乃至河沙祖佛이 出來라도 也被作家覷破하리 其或靑黃을 不辨

---

39) 문수와 망명 둘 다 틀렸다는 뜻이다.
40) 남제(南齊)의 시인인 사조(謝朓)로 현휘(玄暉)는 그의 자이다. 그가 지은 〈만등삼산환망경(晩登三山還望京)〉 시에 "남은 노을은 흩어져 깁을 이루고 맑은 강물은 깨끗하기 명주 같다[餘霞散成綺 澄江淨如練]"는 내용이 있다.
41) 이 시는 《이태백집(李太白集)》 7권에 실러 있는 바, 이백이 징인율 띠니 금릉에 있을 때 금릉성 서문(金陵城 西門)의 누대에 올라 달밤에 지은 것이다. 이백은 전대(前代)의 시인 중에서 사조(謝朓)를 매우 좋아하였으므로 시의 마지막 구에 사현휘(謝玄暉)를 언급한 것이다. 시는 다음과 같다. "金陵夜寂凉風發, 獨上高樓望吳越, 白雲映水搖秋城, 白露垂珠滴秋月, 月下長吟久不歸, 古今相接眼中稀, 解道澄江淨如練, 令人却憶謝玄暉." 시를 잘 아는 이는 사현휘 뿐이란 뜻으로 쓴 것이다.
42) 이백이 사현휘의 고금상접(古今相接)을 끌어와서 그만큼 나의 뜻과 맞는 이가 없다는 뜻을 밝혔다.
43) 즘생(怎生): 1. 왜, 2. 어째서, 3. 어떻게 = 怎樣, 如何
44) 당(儻): 혹시 ~라면, = 가여(假如)

하고 邪正을 不分인댄 只管⁴⁵⁾去覓女子出定하리라 玄沙道底니라하다.

협산령이 염하였다. 이 공안은 누구나 잘 아는데, 문수는 어찌하여 선정에서 나오게 할 수 없었고, 망명은 어찌하여 나오게 할 수 있었던가? 여러분이 세찬 물에서 칼날을 가로지르는 안목을 갖추었다면 저 한 무리들의 잘못뿐만 아니라 항하사처럼 많은 조불(祖佛)이 나오더라도 작가에게 간파당하리라. 혹 청색과 황색을 가리지 못하거나 사(邪)와 정(正)을 구분하지 못한다면 다만 가서 여자가 선정에서 깨어나기를 기다려야 하리라. 현사(玄沙)가 말한 바니라.⁴⁶⁾

翠嵒眞이 在歸宗南和尙會中하야 爲首座時에 南이 問하되 承聞首座가 常將女子出定話爲人이라하니 是否아한대 眞云하되 無니라하다 南云하되 奢而不儉이요 儉而不奢어늘 爲什麼道無오하니 眞云하되 若是本分衲僧인댄 也小他鹽醬不得이니다하거늘 南이 迴首喚侍者하야 報典座하되 明日에 只賣白粥하라하다.

취암진이 귀종남 화상의 회상에서 수좌(首座) 소임을 볼 때 귀종남 화상이 물었다. "듣건대 수좌가 항상 여자출정화(女子出定話)를 가지고 남을 위한다고 하니 그러한가?" 취암진이 대답했다. "그런 일 없습니다." 귀종남이 다시 말하였다. "사치해도 검소하지 않고 검소해도 사치하지 않거늘 어째서 없다 하는가?" 취암진이 말하였다. "본분납자라면 염장(鹽醬)을 축내지는 않을 것입니다." 귀종남이 고개를 돌려 시자를 불러 전

---

45) 지관(只管): 다만 ~해야 한다. = 진관(儘管), 일직(一直)
46) 현사 사비 선사가 종소리를 듣고 "저 종이 내 뱃속에서 운다. 그대들은 어쩌면 좋겠는가?" 하니 전상좌(展上座)가 나와서 "스님 법체 만강하십니까?"라고 하였다. 이에 현사는 "너는 아직도 그런 설명을 하느냐?"라고 하였는데 이는 쓸데없는 소리라는 뜻이다. 여기에서 '현사가 말한 바'라는 것은 쓸데없는 소리라는 의미로 협산 자신이 괜한 소리를 했다고 앞의 말을 거둬들이는 표현이다.

좌(典座)에게 알리라고 하였다. "내일은 흰죽만 쑤라고 하라."

英邵武가 因翠嵓眞이 問曰하되 女子出定意旨如何오한대 師引手搯其膝而去어늘 眞이 笑曰하되 賣匙箸客이니 未在로다하다.

영소무가 취암진이 "여자출정의 의지가 무엇입니까?"하고 물은 것으로 인해서 손을 뻗어 무릎을 두드리고는 갔다. 취암진이 웃으면서 말하였다. "숟가락을 파는 사람이니 (도가) 있지 않도다."

天童覺이 拈하되 若定若動이 當人變弄이로다 鴻毛는 輕而不輕이요 大山은 重而非重이니라 還知老瞿曇鼻孔이 在我手裏麼아.

천동각[47]이 염하였다. 정(定)에 들기도 하고 동(動)하기도 하는 것은 당사자가 부리는 변화인지라. 기러기 털은 가벼우면서도 가볍지 않고 큰 산은 무거우면서도 무겁지 않도다. 또한 늙은 구담의 콧구멍이 내 손아귀에 있음을 알겠는가?

覺範이 云하되 敎中에 有女子出定因緣하야 叢林商略이 甚衆이나 自非道眼明白하야 親見作家면 莫能明也니라 大愚芝禪師가 每問僧曰하되 文殊는 是七佛之師어늘 爲什麼出此女子定不得하고 罔明菩薩은 下方而至하야 但彈指一聲에 便能出定고한대 莫有對者라 乃自代曰하되

---

47) 굉지 정각(宏智 正覺, 1091-1157): 선종 5가 가운데 조동종에 속하며 묵조선의 시조이다. 천동산에 주석했기 때문에 천동각이라 했다. 굉지송고를 지었는데 후에 《종용록》의 근원이 되었다.

僧投寺裏宿이요 賊入不良家니라한대 予滋愛其語하야 作偈記之曰 出定은 只消彈指어니와 佛法은 豈用功夫리오 我今要用便用이요 不管罔明文殊로다하니 雲菴和尚이 見之하고 明日陞座에 用前語하야 乃曰 文殊與罔明이 見處有優劣也無아 若言無인댄 文殊는 何故로 出女子定不得고 只如今日에 行者가 擊動法鼓하니 大衆이 同到座前이라 與罔明出女子定으로 是同가 是別가하고 良久曰하되 不見道아 欲識佛性義인댄 當觀時節因緣이라하니라 亦有偈曰 佛性天眞事를 誰云別有師오 罔明彈指處에 女子出禪時라 不費纖毫力이어늘 何曾動所思리오 衆生摠平等이어늘 日用自多疑로다하다.

각범이 말하였다. 교(敎) 가운데 여자출정의 인연이 있지만 총림에서 논란함이 심히 많으나 스스로 도의 안목이 명백하여 작가를 친견하지 않는다면 밝힐 수가 없다. 대우지(大愚芝) 선사는 매양 스님들에게 묻기를 "문수는 칠불의 스승인데 무엇 때문에 이 여자를 정에서 나오게 하지 못하고 망명보살은 하방에서 와서 단지 탄지일성(彈指一聲)만으로도 문득 정에서 나올 수 있게 하였는가." 하니 아무도 대답하는 이가 없었다. 이에 스스로 대신하여 이르기를, "스님은 절에 투숙하고 도적은 불량배 소굴에 든다." 하였는데 나는 그 말을 몹시 좋아하여 게송을 지어 그것을 기록한다. "정(定)에서 나오게 하는데 탄지만을 사용했을 뿐 불법에 어찌 공부가 필요하리. 내가 지금 필요하면 바로 사용함이니 망명과 문수를 상관치 않겠다. 운암화상이 그것을 보고 다음날 법좌에 올라 앞의 말을 사용하여 바로 말했다. "문수와 망명은 견처(見處)에 우열이 있는가 없는가? 만약 없다고 한다면 문수는 무엇 때문에 여자를 정에서 나오게 하지 못했는가. 오늘 행자가 법고를 두들겨 대중들이 모두 자리 앞에 모였는데, 망명이 여자를 정에서 나오게 한 것과 같은가 다른가?" 양구했다가 말하였다. "보지 못했는가, '불성의 뜻을 알고자 하면 마땅히 시절인연을 관하라'는 말씀이 있느니라." 그리고는 또한 게송이 있었다. "불성의 천진한 일을 따로 스승이 있다고 누가 이르는가. 망명이 탄지한 곳이 여자가 선정에서 나온 때니라. 털끝만한 힘도 쓰지 않았거늘 어찌 일찍이 생각한 바를 움직였던가. 중생들은 모두 평등하거늘 일용에 스스로 의심이 많도다."

雲門杲가 示衆云云 又有一種이 商量古人公案하야 謂之針線工夫라하며 又謂之郞君子弟禪이라하나니 如商量女子出定話云하되 文殊는 是七佛之師어늘 爲什麽出女子定不得고하면 云文殊與女子無緣이라하며 罔明是初地菩薩이어늘 爲什麽出得女子定고하면 云與女子有緣이라하고 下語云 寃有頭하고 債有主로다하고 又有商量道하되 文殊는 不合有心이라 所以出不得이요 罔明은 無意라 所以出得이라하고 下語云 有心用處還應錯이요 無意求時却宛然이니라하고 又有商量道하되 文殊는 爲什麽出女子定不得고 杓柄이 在女子手裏라하며 罔明은 爲什麽出得고 如蟲禦木이라하며 又云因風吹火라하며 又云爭奈女子에 何오하며 邪解甚者는 至於作入定勢하며 又作出定勢하며 推一推하며 彈指一下하며 哭蒼天數聲하며 伏惟尙饗하며 拂袖之類라 冷地看來에 慚惶殺人이로다하다.

운문고[48]가 시중하여 말하였다. "또 어떤 한 무리가 옛사람의 공안을 헤아리기를 '침선

---

48) 운문고(雲門杲): 대혜 종고(大慧 宗杲, 1089-1163), 속성은 해(奚), 자는 담회(曇晦)이며, 호는 묘희(妙喜), 운문(雲門)이다. 선주(宣州) 영국현(寧國縣, 현 안휘성 선성시) 출신이며, 송(宋)의 효종에게 '대혜 선사(大慧 禪師)'의 칭호를 받아 '대혜 종고'라 불린다. 오랜 기간 항주(杭州)의 경산(徑山)에 머무르며 가르침을 펼쳐 '경산 종고(徑山 宗杲)'라고 불리기도 한다. 시호는 보각 선사(普覺 禪師)이다. 12세 무렵에 동산(東山) 혜운원(慧雲院)에서 혜제 법사(慧齊 法師)를 스승으로 삼아 출가해 17세에 구족계를 받았다. 처음에는 조동종의 문하에서 수행을 하였으나, 전승을 중시하는 조동종의 가르침에 의문을 품고 21세에 임제종 황룡파(黃龍派)의 담낭 문준(湛堂 文準, 1061-1115)의 세사가 되었다. 문준은 입적하기 전에 종고에게 임제종 양기파의 원오 극근에게 가르침을 받으라고 하였다. 개봉(開封)의 천녕사(天寧寺)에서 원오에게 가르침을 받아 깨달음을 얻었고, 그로부터 〈임제정

(針線)[49]의 공부라' 하고, 또 '낭군과 자제의 선법이라'고도 한다. 여자출정화를 헤아리되, '문수는 칠불의 스승이거늘, 어째서 여자를 선정에서 깨우지 못했는고?' 하면, '문수와 여자는 인연이 없다' 하고, '망명은 초지보살이거늘 어째서 여자를 선정에서 깨웠는고?' 하면, '여자와 인연이 있다' 하고는 이르기를 '원수는 상대가 있고, 빚은 주인이 있다.'[50] 하였다. 또 헤아려 말하였다. '문수는 합당치 않게도 마음이 있었기에 선정을 깨우지 못했고, 망명은 뜻이 없었으므로 선정을 깨웠다.' 하고는 말하기를 '마음을 내어 쓰는 곳에서는 도리어 어긋나고, 뜻이 없이 구할 때라야 도리어 완연해진다.' 또 헤아려 말하기를 '문수는 어째서 여자를 선정에서 깨우지 못했는고? 구기자루가 여인의 손아귀에 있기 때문이다.' 하였고, '망명은 어째서 선정에서 깨웠는고? 마치 벌레가 나무를 먹는 것과 같다[51].' 하였다. 또 이르기를 '바람이 불어 불이 붙었다.' 하고 또 이르기를 '여자에게는 어쩔 수 없다' 하며, 삿된 견

종기(臨濟正宗記)》를 받아 임제종 양기파의 제5대 전인(傳人)이 되었다. 대혜는 장구성(張九成) 등과 반역을 모의했다는 혐의를 받아 승적에서 제명되고 형주(衡州, 현 호남성 형양)와 매주(梅州, 현 광동성 매현) 등에 유배되었다. 그는 유배 기간에 스승인 원오 극근의 어록을 모아서 《정법안장(正法眼藏)》을 편찬했으며, 다시 경산사의 주지가 되었고 조동종의 굉지 정각(宏智 正覺, 1091-1157)과 선법을 둘러싸고 논쟁을 벌이며 '간화선'을 제창했다. 경산사 명월당(明月堂)에서 은거하다 입적했다. 그는 올바른 수행은 세상에서 벗어나는 것이 아니라 생활의 가운데에서 이루어진다고 보고, 좌선자체를 중시한 선법을 묵조선이라며 비판하였다. 대혜 이후 임제종 양기파는 선종의 정통으로 자리 잡았으며, 그의 사상은 한국과 일본의 불교에도 큰 영향을 끼쳤다. 한국에서는 고려의 보조 지눌(普照 知訥) 국사가 《대혜어록(大慧語錄)》을 통해 간화선을 받아들였고, 일본에서는 남송의 선승인 도융(道隆, 1213-1278)이 일본으로 건너가 대혜의 선법을 전래하였다. 저술로는 그의 어록을 정리한 《대혜보각선사어록(大慧普覺禪師語錄)》 등이 전해진다. 《선문염송》에는 '대혜고(大慧杲)', '운문고(雲門杲)', '경산고(徑山杲)', '묘희(妙喜)' 등의 명칭으로 다양하게 등장한다.

49) 침선(針線): 바늘과 실이니, 은밀한 관계라는 뜻이다.
50) 원유두 채유주(冤有頭 債有主): 출처《속전등록》, "卓拄一下曰: '冤有頭, 債有主.'" 釋義; 冤有冤頭, 債有債主.
51) 여충어목(如蟲禦木): "如蟲禦木, 偶爾成文"의 줄임말로 '벌레가 나뭇잎을 갈아먹다가 우연히 글자를 이루었다'는 것으로 망명이 여인을 선정에서 나오게 한 것이 우연하게 이루어진 것이라는 뜻이다.

해가 심한 자는 선정에 드는 시늉을 하거나, 또 선정에서 나오는 시늉을 하고, 한번 밀쳐보기도 하고, 손가락을 한번 튕겨보기도 하며, '아이고[蒼天] 아이고[蒼天]'하고 곡을 하기도 하며, '복유상향(伏惟尙饗)'[52]이라 하거나 소매를 뿌리치는[53] 경우는 냉정히 살펴보면, 부끄럽고 두려워 죽을 지경이다."라고 하였다.

白雲昺이 拈하되 打破情解하고 截斷羅籠이어다 釋迦與女子는 各出一隻手하고 文殊與罔明은 每人得一橛이로다하다.

백운병[54]이 염하였다. "망령된 견해를 깨부수고, 그물과 삼태기를 끊어버려라. 석가와 여자는 제각기 한쪽 손을 내밀고, 문수와 망명은 저마다 막대기 하나씩을 얻었구나."

---

52) 복유상향(伏惟尙饗): 보통 제문에서 마지막에 상투적으로 쓰이는 말이다. 뜻은 '부디 흠향하소서', '삼가 흠향하소서', '삼가 바라옵건대 흠향 하소서', '삼가 흠향하시기 바라옵니다' 등으로 해석된다.

53) 불수(拂袖): 두 가지 뜻이 있다. 하나는 소매를 뿌리쳐서 기쁘지 않거나 성냄을 나타내고, 또 다른 의미는 소매를 휘날린다는 뜻이다. (有两个意思. 一个是振动衣袖. 表示不悦或愤怒. 另一层意思是拂动衣袖)

54) 백운 지병(白雲 知昺): 소주(蘇州) 남화산(南華山)에 주석했으며 사람됨이 근엄하여 '강철 같은 병 수좌(昺首座)'라 불렸다. 불감 혜근(佛鑑 慧勤) 선사의 법을 이었으며 남악의 15세 법손이다.

염송설화 拈頌說話

[女子] 諸佛要集經文云 爾時天王如來 於色欲二界中間 安立寶坊 說大集經 文殊告彌勒曰 可共歸詣天王佛所 彌勒曰 文殊莫以色相見諸如來 辭而不行 文殊如伸臂頃 到天王佛所 如來微現神力 貶向二鐵圍山 文殊不自覺知爲誰所擧 佛召之 還至佛所 値諸佛各還本處云云則世尊即天王如來也 文殊出女子定不得 罔明出定何也 文殊因此女子發菩提心 此女因罔明 發菩提心 則師能動資 資不能動師 此則敎迹因果 引以爲話 諸宗師家 拈頌所指各別

- 圓悟 大定至何調直者 明女子瞿曇大定中據令也 師子奮迅云云者 明文殊出不得也 象王廻旋云云者 明罔明出得也 孰勝至誰入者 文殊罔明 無優劣也 雨散至白日者 大定等虛空之義也 馬駒踏殺云云者 前之師子象王 豈非此也

- 牧菴 重者從他重 輕者從他輕 文殊但文殊 罔明但罔明 瞿曇女子亦然

- 五雲 明女子定 似無孔鐵鎚也 則敎中祖意也

- 夾山 大義與五雲拈 一般也 玄沙道底 未詳

3 돌부자 수일족 鈯斧子 垂一足

《선문염송》 제5권 149. 돌부(鈯斧)

古則
고칙

青原이 令石頭로 馳書上南岳懷讓禪師하고 乃曰迴日에 與汝箇鈯斧子住山하리라하다 石頭到讓師處하야 未達書하고 便問하되 不慕諸聖하고 不重己靈時如何오한대 讓云하되 子問이 大高生이로다 何不向下問고하니 石頭云하되 寧可永劫沉淪이언정 不求諸聖解脫이니다하다 讓이 不對어늘 石頭乃迴하다 師問하되 子去未久라 書得達不아하니 頭曰하되 信亦不通이요 書亦不達이니다하고 乃擧前話하고 復云하되 去日에 蒙和尙許箇鈯斧子住山이니 卽今便請하노이다하다 師垂下一足한대 頭禮拜하고 入南嶽住山하다 [雲居 代讓師不對處云에 擔板漢이로다하다]

청원⁵⁵⁾이 석두⁵⁶⁾로 하여금 남악회양 선사⁵⁷⁾에게 서신을 전해 올리게 하면서 이에 말하였다. "돌아오는 날에 그대에게 무딘 도끼 하나를 주어서 산에 주하게 하리라."

석두가 회양 선사의 처소에 이르러 서신은 전하지 않고 곧장 물었다. "모든 성인들도 흠모하지 않고 자기의 영(靈)도 소중히 여기지 아니할 때엔 어떠합니까?" 회양이 말하였다. "그대의 물음이 너무나 높구나. 어찌 향하(向下)의 질문은 하지 않는가?" 석두가 말하였다. "차라리 영겁토록 가라앉고 빠져 있을지언정 모든 성인의 해탈은 구하지 않습니다." 회양이 대꾸하지 않으니 석두는 이에 돌아갔다.

청원 선사가 물었다. "그대가 떠난지 오래지 않았는데 서신은 전달한 것인가 아니한 것인가?" 석두가 말하였다. "소신[信]도 통하지 않았고 글[書]도 전달하지 않았습니다." 이어 앞의 이야기를 들어 말하고는 다시 일렀다. "지난날 화상께서 무딘 도끼 하나를 주어 산에 주하도록 허락함을 입었는데 지금 바로 청하옵니다." 청원 선사가 한 쪽

---

55) 청원 행사(靑原 行思, ?-740): 육조 혜능의 전법제자로 청원-석두의 문하에서 선종오가(禪宗五家) 가운데 조동종, 운문종, 법안종 3개 종파가 연원했다.

56) 석두 희천(石頭 希遷, 700-790): 청원행사의 유일한 법제자로 청원행사는 "나는 기린 하나면 족하다"고 했다. 석두의 문하인 천황 도오(天皇 道悟, 748-807)에서 유문종이 나왔고 약산 유엄(藥山 惟儼, 751-834)에게서 법안종이 나왔다.

57) 남악 회양(南岳 懷讓, 677-744): 육조 혜능의 전법제자로 남악-마조의 문하에서 선종오가 가운데 위앙종, 임제종이 형성되었다.

발을 내밀자 석두는 예배하고 남악산에 들어가서 산에 주하였다. [운거(雲居)가 남악이 대꾸하지 않은 대목을 대신하여 말하기를, "담판한(擔板漢)이로다" 하였다.]

염송 拈頌

海印信이 頌하되 順水使舩猶自可어니와 逆風把拖世間稀라 雖然好箇擔板漢이나 到頭[58]未免落便宜로다.

해인신[59]이 송하였다. 물을 따라 배 띄우는 건 가능한 일이나 바람 맞서 키 잡는 건 세간에 드물도다. 비록 좋은 담판한이긴 하나 결국 편의(便宜)에 떨어짐은 면치 못했네.

保寧勇이 頌하되 從來祖上作君王이러니 子子孫孫代代昌이로다 文武百僚都不識하니 只應金殿有尊堂이니라.

보녕용[60]이 송하였다. 조상때부터 군왕이 되었으므로 자자손손 대대로 번창하였네. 문무백관 하나도 알지 못하니 마땅히 황금전각에 존상만이 있을 뿐.

---

58) 도두(到頭): 결국에는 = 최후(最後), 직도최후(直到最後).
59) 해인 초신(海印 超信): 송대의 운문종의 선사로 소주 정혜사 주지로 있으면서 80세까지 살았다. 낭야 광조(瑯琊 廣照) 선사의 제자이다.
60) 보녕 인용(保寧 仁勇): 임제종 양기 방회 선사의 법제자이다. 천태학을 익히다가 설두 선사를 찾아갔었는데 "허우대만 멀쩡한 강사로다."라는 말을 듣고 분심을 내어 설두산을 바라보며 3배를 한 뒤 "내가 이생에서 행각 잠선하여 나의 병성이 설두 스님만 못하면 결고 고향으로 돌아가지 않으리라."고 맹세했다. 곧장 양기 방회 선사를 찾아가 수행하여 종지를 깨치고 보녕사 주지로 세상에 나아가 도가 총림에 널리 알려지니 그의 말과 같이 되었다고 한다.

돌부자 수일족

雪竇寧이 頌하되 王子生來便自尊하니 只應日日在金門이라 從前不顧人間事하고 唯識爺爺寶殿存이로다.

설두녕이 송하였다. 왕자는 날 때부터 존귀하여서 응당 날마다 금마문(金馬門)⁶¹⁾에 있었네. 여태껏 인간사 돌아보지 않고 조부가 보전(寶殿)에 계신 줄만 안다네.

玄沙云하되 大小石頭가 被大慧推倒하야 至今起不得이로다하다.

현사가 말하였다. 보잘 것 없는 석두가 대혜(남악회양의 시호)에게 떠밀려 넘어져서 지금까지 일어나지 못하고 있구나.

雪竇顯이 拈하되 石頭洎擔板過却이로다하고 又云하되 大小讓師는 不解據令이로다하다.

설두현⁶²⁾이 염하였다. 석두가 담판한이 지나는 곳에 빠졌구나. 또 말하였다. 알량한 회양은 바른 명령을 내릴 줄 모르는구나.

---

61) 금문(金門): 금마문(金馬門)의 줄임말로 한나라 때 지어진 미앙궁(未央宮)의 문 가운데 하나이다. 벼슬을 하여 관청에 나가 하문을 기다리던 곳이다. 이 곳에서 황제의 조서를 기다렸기 때문에 궁궐, 조정의 대명사로 쓰였다.

62) 설두 중현(雪竇 重顯, 980-1052): 사천성 출신으로 어려서 부유한 가정에서 태어나 유학을 공부했고 그 경지도 깊었다. 시적 재능도 뛰어나 필력이 누구에 비할 바가 아니었다고 전한다. 23세에 출가사문의 길에 들어 광조 선사를 만나 법을 잇는다. 그는 운문 문언(雲門 文偃) - 향림 징원(香林 澄遠) - 지문 광조(智門 光祚)의 법을 계승한 운문종의 종장으로 설두산에서 30년을 머무르며 법을 드날렸는데 그의 송고백칙은 이후 《종용록》, 《벽암록》, 《무문관》 등의 저작에 깊은 영향을 미쳤다.

翠嵒芝가 拈하되 思和尚이 垂足하고 石頭禮拜로되 要且不得斧子로다 且道[63]하라 後來에 使箇什麼오하다.

취암지가 염하였다. 행사 화상이 발을 내밀자 석두가 예배했지만 도리어 무딘 도끼[斧子]는 얻지 못했다. 말해보라. 뒤에 온 사람은 무엇을 사용해야 하는가?

枯木成이 拈하되 行思鈯斧子를 天下衲僧이 誰敢傍觀이리요 獨有石頭하야 善能擔荷로다 雖然如是나 可惜放過라 當時에 見伊纔垂下一足時에 便與一喝云하되 別處人事하리라하다.

고목성이 염하였다. 행사의 무딘 도끼를 천하의 납승들이 누가 감히 방관하겠냐마는 유독 석두가 있어 잘 짊어졌도다. 비록 그러하나 놓친 것이 아쉽다. 당시에 한 발을 잠시 드리운 것을 보자 바로 한 번 할을 하고 말하기를 '다른 지방의 인사법이다'라고 했어야 할 것이다.

海印信이 拈하되 一等是箇擔板漢이나 石頭較些子로다 然雖如是나 只會向前이요 不覺喪身失命이로다하다.

해인신이 염하였다. 한결같이 담판한들이나 석두가 비교적 그럴싸했다. 그러나 비록 그러하나 다만 앞으로 향할 줄만 알고 몸을 다치고 목숨을 잃을 줄 깨닫지는 못했구나.

---

63) 차도(且道): 여기서의 '且'는 '또한'의 의미가 아니라 '마땅히', '응당'의 의미이다. 따라서 '일러보라', '말해보라'의 의미이다. '且'의 뜻을 《한어대사전》에서 찾아보면 다음과 같다. ①하물며 ②또한 ③잠시 ④응당, 마땅히

黃龍南이 上堂擧此話云하되 石頭馳書를 今古共聞이어늘 後人이 不善宗由하고 罕能提唱하야 致使水乳不辨하고 玉石不分이로다 同安이 今日에 擘破一半하야 布施大衆하리라 石頭는 雖然善能馳達하야 不辱宗風이나 其奈逞俊大忙하야 不知落節이리요 旣是落節인댄 廻來에 因什麼却得鈯斧子住山고 若者裏見得하면 非唯住山이라 盡十方世界塵塵刹刹虎穴魔宮이 皆是住處어니와 若也未見인댄 敢保諸人이 未有安身立命處로다하다.

황룡남이 상당하여 이 이야기를 들어 말하였다. 석두가 서신을 전한 일은 고금이 다 아는 일인데 후인들이 유래를 잘 본받지 못하고, 또 잘 제창하는 이도 없어서 물과 젖을 가리지 못하고 옥과 돌을 분간치 못하는 데에 이르렀다. 나 동안(同安)이 오늘 반을 뚝 잘라서 대중들에게 보시를 하리라. 석두가 아무리 서신을 잘 전달해서 종풍을 욕되지 않게 했다 해도 너무나 도도하고 바쁘게 굴어서 실수하는 줄 몰랐으니 어찌하랴? 이미 실수를 했다면 어째서 돌아와서는 무딘 도끼를 얻어 산에 살게 되었을까? 만일 이것을 바로 본다면 산에 살 수 있을 뿐만 아니라 온 시방세계의 티끌같이 많은 국토와 범의 굴과 마(魔)의 궁전이 모두가 살 곳이요, 만일 보지 못했다면 여러분들은 몸을 편안히 하고 목숨을 보전할 곳이 없다는 것을 감히 보장하노라.

翠嵓璣가 上堂擧此話云하되 馳書達信은 須是作家요 鈯斧住山은 古今罕有로다 住山은 卽且從이어니와 且道하라 讓和尙休去意作麼生고 還有人斷得麼아 出來斷看하라 有麼有麼아 如無인댄 翠嵓이 說似大衆하리라 驗人端的處인댄 開口便知音이니라하다.

취암기가 상당하여 이 이야기를 들어 말하였다. 서신을 전달하는 일은 작가라야 하고, 무딘 도끼를 얻어 산에 머무는 것은 고금에 드문 일이다. 산에 살게 된 것은 잠시 그만두고라도 말해 보라. 회양화상이 그만둔 뜻은 무엇이겠는가? 판단할 사람이 있는가? 나와서 판단해 보라. 있는가? 있는가? 만일 없다면 나 취암이 대중들에게 말해주리니 사람을 시험하는 적확한 곳은 입을 열면 바로 뜻을 알게 되느니라.

上方益이 擧[至]不求解脫하야 師代云하되 未觀其人이면 先觀所使니라 하다.

상방익[64]이 "해탈을 구하지는 않겠습니다"라고 한 데까지를 들어 대신 말하였다. "그 사람을 보지 못했으면 그 부리는 이를 먼저 보라."

廣靈祖가 將入院할새 發先馳하고 晩条擧此話에 連擧雪竇拈하고 師云하되 廣靈은 即不然하리라 不問你大高大下하고 只要信息流通이니 若得諸事周旋하면 待到廣靈하야 與汝个拄杖子하리라하다.

광령조가 원(院)에 들어가려 할 때 전갈을 먼저 띄우고 만참 법문을 하는데 이 이야기를 듣고 연이어 설두의 염까지 들어 말하였다. "나 광령은 그렇게 하지 않았으리니 그대가 너무 고고하다거나 비굴하다는 것은 따지지 않고 오직 소식이 통하게 했을 뿐이리라. 그리하여 만일 모든 일이 두루 주선되었다면 나에게 이르는 이를 기다려서 그에게 주장자를 주었을 것이다."

---

64) 상방 일익(上方 日益): 임제종 양기파 스님으로 남악의 13세 법손이다.

염송설화 拈頌說話

[鈯斧] 令石頭馳書上南嶽懷讓禪師者 古人易子而教之 良有以也 盖善能相見 不辱宗風 可以付鈯斧子住山也 鈯斧子者 從上來相傳相受底住山家具 鈯 鈍所其來尙矣 故鈍也 未達書者 大丈夫漢 不可爲人馳書也 不慕諸聖云云者 上不慕諸聖解脫 下不重自己靈心 可謂師子窟中無異獸 子問大高生者 要識眞金火裏看 寧可永劫沉淪云云 解脫則不重己靈可知矣 然則百鍊眞金 應無變色故 泉石云 臨危無苟免 見利無苟得 則非根深蔕固 確乎其不可拔者 難能也 何謂也 攢眉不肯投蓮社 拾似當年懶折腰 讓師不對者 擔板漢故也 則堅肯石頭不肯石頭 去日云云至便請者 徹底無疑故 垂下一足者 倦足等閒垂也 頭禮拜入南嶽者 親承入室之眞子 不同門外遊人也 令石頭馳書至住山者 此住山不是住庵 出世住方也 鈯斧子者 住方接人家具也 讓禪師者 使於四方 不能全對 可謂使之矣 回日與汝箇鈯斧子住山者 相傳相受住山家具也 不慕云云者 上不慕諸聖云云至己靈心也 所得如是 則若石頭者 特立獨行 窮天地亘萬世而不顧者也 子問大高生云云者 其餘之意 竝同上說 然則使乎使乎不辱君命故 泉石云云不對者 堅肯石頭不肯石頭 去日蒙至便請者 百鍊眞金應不失色也 垂下一足者 拈槌竪拂一般也耶 傳法自有來由 娑羅樹下槨示雙趺熊耳山中 棺留隻履 則入涅槃後 不生不滅底一著也 迦葉云

我今敬禮如來頂 爲復敬禮如來肩 乃至敬禮處 迦葉伊麼從頂至足 讚歎
有以此是迦葉禮敬處 亦是達摩所留地事 禮拜者 見與師齊耶 智過於師
耶 亦有來由傳法來由 娑羅樹下 世尊之迦葉作榜樣 西乾四七之最初也
各言所得時 達摩之惠可 亦作榜樣 東震二三之最初也 六代已後 清源
之石頭 亦作最初榜樣 不其然乎 後來兒孫 遍地得正脉者 無不用得這
箇手脚 自然而然 非强爲也 則非畫虎成狸者之所可髣髴也 入南嶽住山
者 欲益無所益 欲爲無所爲宜作舟航 玄沙云 大慧懷讓謚號

- 海印 上二句 在青原處則易 馬祖處 臨危不變則難也 雖然好箇云云者
  雖然不變 未免落便宜也

- 雪竇 當尊貴門風也

- 玄沙 到頭未免落便宜之義

- 雪竇 泊擔板過却者 石頭豈非擔板也 大小讓師云云者 也須擧令始得
  翠巖 思和尙垂足至斧子者 似乎只得一橛也 後來下除此外 又別有什
  麼道理

- 枯木 行思鈯斧至擔荷者 讚他得人傳受也 一喝云云者 只是不知這一
  喝也

- 海印 上雪竇一般

- 黃龍云云非唯住山至住處者 石頭所得徹底無爲 更無別法也

- 翠巖 石頭雖是作家 讓和尙意 又無限也 驗人端的處云云者 讓師驗人
  見他開口 須知音聲落處也

• 上方 對讓師語 不慕諸聖 不重己靈 是擔板故也

• 廣靈 信息流通 則不妨與人柱杖子 柱杖子 豈指東畫西地

④ 장두백 해두흑 藏頭白 海頭黑

《선문염송》 제5권 164. 사구(四句)

古則
고칙

馬祖가 因僧問 離四句絶百非하고 請師直指西來意하소서한대 師云 我今日에 無心情하니 汝去問取智藏하라하다 僧이 乃問藏한대 藏이 以手指頭云하되 我今日頭痛하야 不能爲汝說이니 汝去問取海兄하라하다 僧이 去問海한대 海云 我到者裏하야 却不會로다하다 僧이 迴擧似師한대 師云하되 藏頭白 海頭黑이로다.

　　마조가 한 스님이 "사구(四句)⁶⁵)를 여의고 백비(百非)⁶⁶)를 끊고서 서래의(西來意)를 곧장 지적해 주시기를 스님께 청합니다."라는 물음으로 인(因)하여 말하기를, "내가 금일은 마음이 없으니 그대는 지장(智藏)에게 가서 물어보라." 스님은 이어 서당 지장(西堂 智藏)에게 물으니, 지장은 손가락으로 머리를 가리키면서 말하길, "나는 오늘 머리가 아파서 그대를 위해 말해줄 수 없으니 그대는 가서 회해(懷海) 사형에게 가서 물으라." 스님이 백장 회해(百丈 懷海)에게 가서 물으니, 회해가 말하기를, "나는 여기에 대해서는 전혀 모른다." 스님이 돌아가서 마조 선사에게 앞의 일을 고하니, 마조가 말하기를, "서당 지장의 머리는 희고 백장 회해의 머리는 검도다."

---

65) 사구(四句): 有(있음), 無(없음), 非有非無(있지도 않고 없지도 않음), 亦有亦無(있기도 하고 없기도 함)

66) 백비(百非): 4구를 다시 4구로 논리를 만들면 16이 되고, 이를 과거·현재·미래 3세를 나누면 16×3=48이 되고, 이미 일어난 일과 아직 일어나지 않은 것으로 나누면 48×2=96이 되고, 여기에 근본 4구를 더하면 총 100구가 나온다. 논리적으로 생각할 수 있는 모든 경우의 수를 상징한다.

염송 拈頌

雪竇顯이 頌하되 藏頭白海頭黑이여 明眼衲僧會不得이로다 馬駒踏殺天下人하니 臨際未是白拈賊이로다 離四句絶百非여 天上人間唯我知로다.

설두현이 송하였다. 지장[67]의 머리는 희고 회해[68]의 머리는 검다 하니 눈 밝은 납자도 알아차리지 못하네. 망아지가 천하 사람을 밟아죽이니 임제는 아직 날도적[白拈賊]이 아니로구나. 사구(四句)를 여의고 백비(百非)를 끊은 그 경지를 천상과 인간에서 나[우리 = 마조, 백장, 서당 3부자]만 홀로 아노라.

---

[67] 서당 지장(西堂 智藏, 735-814): 마조도일의 법제자로 한국의 선종과 각별한 인연을 가진 종장이다. 신라 말의 구산선문(九山禪門) 가운데 조계종의 종조로 모시는 가지산문의 도의(道義) 국사와 동리산문 혜철(慧哲) 국사, 그리고 실상산문의 홍척(洪陟) 국사가 모두 서당 지장에게서 인가를 받고 선문(禪門)을 열었다. 서당 지장은 신라의 선승 3명에게 법을 전하고는 '법이 동쪽으로 간다'고 감탄했다고 한다.

[68] 백장 회해(百丈 懷海, 720-814): 마조도일의 법제자로 백장산(百丈山)에서 살았기 때문에 백장이라고 부른다. 복건성 복주(福建省 福州)에서 출생했다. 서산 혜조(西山 慧照)를 따라 삭발하고 형산의 법조율사(法朝律師) 밑에서 구족계를 받았다. 여강(廬江)의 부차사에 들어가 대장경을 연구하였다. 그 후 백장은 767년 무렵에는 남강(南康)에서 마조를 만나 사사하였다. 마조 밑에서 수도해 대오한 후에 백장산에 들어가 많은 문하생 제자를 지도하고 교화하였다. 그 중 황벽희운과 위산영우가 있어 임제종과 위앙종을 열게 되었다.

海印信이 頌하되 不知寶所問人覓하니 將寶示渠渠不識이라 指來指去問商人하나 不辨東西徒費力이로다 依舊空迴自惆悵하니 踏破草鞋多少緉고.

해인신이 송하였다. 보배 둔 곳 몰라서 남에게 물어 찾으니 보배를 그에게 들어보여도 그는 알지 못하네. 여기저기 가리키며 상인들에게 물어도 동과 서도 구분 못해서 공연히 헛수고하네. 여전히 빈손으로 돌아가며 스스로 처량해지리니 돌아다니다 해진 짚신만 몇 켤레가 되었던고.

天童覺이 頌하되 藥之作病은 鑒乎前聖이어니와 病之作醫는 必也其誰오 白頭黑頭兮여 克家之子요 有句無句兮여 截流之機라 堂堂坐斷舌頭路하니 應笑毗耶老古錐로다.

천동각이 송하였다. 약이 병 되는 일, 옛 성인에게서 드러났지만 병이 의원 되는 일은 반드시 그 누구이겠는가? 흰머리 검은 머리여! 가문을 잘 이을 자손들이요, 유구(有句)와 무구(無句)여! 모든 흐름 다 끊어버릴 수 있는 기틀일세. 당당하다! 앉아서 혓바닥 길을 끊어버리니 비야리[毗耶]의 묵은 송곳[노고추(老古錐)[69]](유마거사)도 비웃을 만하네.

東林揔이 頌하되 百非四句絶何言고 黑白分明定正偏이라 師子窟中無異獸요 驪龍行處浪滔天이로다.

---

[69] 노고추(老古錐): 늙어도 법을 잘 간직하여 언제든지 튀어나오는 도 깊은 노승(낭중지추).

동림총[70]이 송하였다. 백비와 사구를 무슨 말로 끊겠는가. 흑백이 분명하고 정(正)과 편(偏)이 정해졌네. 사자굴 속에는 다른 짐승 없고 검은 빛깔의 큰 용이 다니는 곳엔 물결이 하늘까지 넘실거린다.

白雲昺이 頌하되 四句百非皆杜絶하니 陽春白雪唱彌高라 風淸月白無雲夜에 誰把吹毛換寶刀오.

백운병이 송하였다. 사구와 백비가 모두 두절되었으니 양춘곡과 백설곡 노래 더욱 높구나. 바람 맑고 달 밝고 구름 없는 밤에 누가 취모검을 보검과 바꿀소냐.

悅齋居士가 頌하되 這裏精魂用得靈하면 纖毫不動海山傾이라 若言無說爲宗旨인댄 蹉過雲山十萬程이라.

열재거사가 송하였다. 여기에서 정령이 영험함을 얻게 되면 털끝 하나 까딱 않고 산과 바다 기울이네. 만일 말 없음을 종지로 삼는다면 구름과 산 어긋나길 10만 정(程)을 넘으리.

蔣山泉이 拈하되 可憐馬祖三人이 被者僧一時勘破로다 雖然如是나 白雲은 乍可來靑嶂이어니와 明月은 難敎下碧天이니라하다.

---

70) 동림 상총(東林 常總, 1025-1091): 송대 임제종 황룡 선사의 제자이며 소동파의 스승으로 유명하다.

장산천이 염하였다. 가엾도다, 마조 등 3인이 이 스님에게 일시에 감파[71]를 당했구나. 비록 그러나 백운은 차라리 푸른 산등에 올 수 있겠거니와 명월을 푸른 하늘에서 내려오게 하기는 어렵겠구나.

法眞一이 拈하되 者僧鼻孔이 被幾个白拈了하고 猶自不知로다 只如馬祖西堂百丈이 爲復是推過하고 不爲他說가 爲復別有道理아 請試道看하라하다.

법진일이 염하였다. 이 스님은 콧구멍[72]이 몇 차례나 백주대낮에 꼬집히고도 여전히 알지 못하는구나. 단지 마조, 서당, 백장이 이것을 미루기만 하고 그를 위해 말해주지 않은 것인가? 아니면 다른 도리가 있었기 때문인가? 한번 말해 보라.

香山良이 上堂擧此話云하되 謂之頭明頭黑이라 忽然有人問五峯하되 除却揚眉動目과 四句百非外에 答某甲祖師意하라하면 五峯은 向他道하되 答則答不得이나 有箇短頭話子하니 說向你하리라 昔日에 有一老僧하야 年過八十이요 髮白面皺하고 行步躘踵하야 將死不久러니 忽有僧이 問云師伯이 作麽生고한대 老僧云하되 昔日少年今已老하니 見人無力

---

71) 감파(勘破): 간파(看破), 뚜렷이 알아차림. 분명히 파악함. 따져보아서 그 정체를 알아차림.
72) 비공(鼻孔): 콧구멍을 포함한 코 전체를 가리키는 말로 주로 사용되었다. 파비(把鼻)는 '손잡이를 붙잡는다'는 뜻으로 비(鼻)는 보통 손잡이를 뜻한다. 하지만 비조(鼻祖)에서 비(鼻)는 '근원', '시조'리는 의미로 사용된다. 선승들의 어록에서 비공(鼻孔)이라는 말은 단순히 코라는 뜻보나는 근원, 시초, 목숨이라는 뜻으로써 우리의 본래면목을 가리키는 경우가 많다. 예컨대 《경덕전등록(景德傳燈錄)》의 "父母未生時 鼻孔在什麽處(부모미생시 비공재심마처)?"에서 코는 본래면목을 가리킨다.

下禪床이로다 參이니라하다.

향산량이 상당하여 이 이야기를 들어 말하였다. 머리가 희고, 머리가 검다고 하였는데, 문득 어떤 사람이 나 오봉(五峰)에게 묻기를 '눈썹을 흔들거나 깜빡이는 것과 사구(四句)와 백비(百非)를 떠나서 나에게 조사의 뜻을 말해주시오' 한다면, 나 오봉은 그에게 말하겠다. "답해봐야 답이 안 되니, 짤막한 얘기를 해주겠다. 예전에 한 노승이 나이가 80이 넘어 머리는 희고 얼굴은 주름살이 생기고 걸음도 지축지축[73]하여 죽을 날이 멀지 않았는데, 홀연히 어떤 스님이 '스님께선 왜 그러십니까?' 하고 물으니, 노승이 답하기를 '지난날 소년이 이제는 이미 늙었으니, 사람을 보아도 선상(禪床)에서 내려갈 힘이 없구나'." 하였다. 참학(參學)하라.

潙山喆이 拈하되 者僧이 與麽問하니 馬師는 與麽答이라 離四句絶百非는 智藏海兄도 都不知니라 會麽아 不見道아 馬駒踏殺天下人이니라하다.

위산철이 염하였다. 이 스님이 그렇게 물었는데 마조는 그렇게 대답했다. 사구를 여의고 백비가 끊어진 경지는 지장도 회해도 도무지 알지 못했도다. 알겠는가? 말하는 것을 보지 못했는가? 망아지가 천하 사람을 다 밟아 죽인다고 했었느니라.

上方益이 拈하되 這兩箇病漢이 從他說不得하고 海兄도 又患瘂로다 爭奈好事도 不如無리오하다.

상방익이 염하였다. 이 두 병든 자들은 남을 따라 말을 하지 못하고 회해 사형도 벙어리가

---

73) 용종(躘踵): 잘 걷지 못하는 모양을 말한다. 躘(어린애 걸음 룡, 나아가지 못할 룡).

되었네. 그러나 어찌하랴 좋은 일도 없는 것만 못한 것을.

白雲演이 上堂擧此話云하되 馬大師가 無着憨惶處하고 只道得個藏頭白海頭黑이로다 者僧은 將一擔矒瞳하야 換得個不會로다 若也眼似流星이런들 多少人이 失錢遭罪리오하다.

백운연이 상당하여 이 이야기를 들어 말하였다. 마대사는 속절없이 부끄러운 꼴이 되어 단지 지장의 머리는 희고 회해의 머리는 검다고만 하였다. 이 스님은 한 무더기의 소경을 짊어지고 와서 모른다는 말과 바꾸었다. 만일 눈빛이 별똥처럼 밝았다면 얼마나 많은 사람들이 돈을 잃고 벌을 받을 뻔했겠는가?

佛眼遠이 上堂擧此話云하되 大衆아 說白道黑이 理甚分明이로다 諸人은 還見馬大師麼아 久立하야도 也大無端이니라하다.

불안원이 상당하여 이 이야기를 들어 말하였다. 대중이여, 백을 말하고 흑을 말한 것이 이치가 매우 분명하구나. 여러분들은 또한 마대사를 보았는가? 오래 서있어도 크게 단서는 없느니라.

蔣山勤이 上堂에 僧問하되 離四句絶百非하고 請師直指西來意어늘 馬大師爲什麽不與他說이닛고한대 師云하도 闇梨不妨具眼이로다하다 進云하되 智藏이 道問取海兄去는 又作麽生고한대 師云 爛泥裏有刺니라하다 百丈道하되 我到這裏하야 却不會라하니 意旨如何오한대 師云하되 烏龜鑽破壁이니라하다 進云하되 馬祖道하되 藏頭白海頭黑은 又作麽生고한대 師

云하되 塞外將軍令이니라하다 進云하되 只如三尊宿이 是答他話아 是爲
他說가한대 師云하되 一狀領過니라하다 進云하되 語帶玄而不露하고 口欲
談而辭喪이니다한대 師云하되 猶有這葛藤在로다하다 進云하되 忽若截斷
衆流하고 言詮不涉은 又作麽生고한대 師云하되 待我上山採拄杖하다 進
云하되 這老和尙이 一點也謾他不得이로다한대 師云하되 放過一着이로다하
다.

장산근[74]이 상당하니 한 스님이 물었다. "'사구를 여의고 백비를 끊고서 곧장 서쪽에서 온 뜻을 지적해 주시기를 청합니다'라고 했는데, 마조대사는 어째서 그에게 아무 말도 하지 않았습니까?" 선사가 말했다. "스님이 안목을 갖추었다 해도 무방하겠다[75]."

(스님이) 다시 물었다. "지장이 '회해 사형에게 가서 물으라'고 한 것은 또 어떤 것입니까?" 선사가 말했다. "수렁 속에 가시가 있다[76]."

(스님이 물었다) "백장이 '나는 여기에 대해서는 전혀 모른다'라고 한 뜻은 무엇입니까?" 선사가 말했다. "오구(烏龜)[77]가 벽을 뚫는구나.[78]"

(스님이) 다시 물었다. "마조가 '지장의 머리는 희고 회해의 머리는 검다'고 하신 것은 또 무엇입니까?" 선사가 말했다. "변방의 장군 명령이로다.[79]"

(스님이) 다시 물었다. "이 세 큰스님들의 말씀은 그의 물음에 대답한 것입니까, 다른

---

74) 장산근(蔣山勤): 원오 극근(圜悟 克勤) 선사를 말한다.
75) [염송설화] 闍梨不妨具眼者, 當頭道得也.(제자리에서 일렀기 때문이다.)
76) [염송설화] 爛泥裏有刺者, 深淺難知.(깊고 얕음을 알기 어렵다.)
77) 오구(烏龜): ①남생이 ②샛서방, 기생오라비(옛 유곽의 주인) - 여기서는 아내가 바람난 불행한 남편을 의미한다. 오구가 벽을 뚫는다는 것은 남자가 궁금해서 벽을 뚫고 본다는 것이다.
78) [염송설화] 烏龜鑽破壁者, 直明不會意也.(알지 못한다는 뜻을 곧장 밝힌 것이다.)
79) [염송설화] 塞外將軍令者, 明大用也.(대용을 밝힌 것이다.) → 마조가 법을 멋지게 썼다는 것으로 엄청난 말 한마디를 내질렀으며 이 안에 큰 도리가 있다는 의미이다.

것을 설명한 것입니까?" 선사가 말했다. "한 장의 영장(令狀)으로 다스릴 허물이니라.[80]"

(스님이) 다시 물었다. "말씀이 현묘함을 둘렀으나 드러나지는 않고, 말을 얘기하려 했지만 말은 없군요." 선사가 말했다. "아직도 그런 말장난이 남았구나.[81]"

(스님이) 다시 물었다. "갑자기 모든 흐름을 끊는다면 언어로 교섭할 수 없으니 또 어찌하시겠습니까?" 선사가 말했다. "내가 산에 올라가 주장자를 캐올 때까지 기다려라.[82]"

(스님이) 다시 물었다. "노화상께서는 한 점이라도 남을 속이시면 안 됩니다." 선사가 말했다. "한 수를 잘못 두었구나.[83]"

又擧僧問馬大師로 [至] 問取智藏去하야 師着語云하되 錯이로다하고 僧問藏으로 [至] 問取海兄去하야 師云錯이로다하고 僧問海로 [至] 却不會하야 師云錯이로다하고 僧擧似馬大師로 [至] 海頭黑하야 師云錯錯이로다하다 復云하되 若是明眼漢인댄 一擧便知落處하리라 白雲先師道하되 這僧이 擔一擔曚曈하고 換得个不安樂이로다하고 馬大師道하되 藏頭白海頭黑이라 하며 白雲이 拈云하되 風后先生이 只知其一이요 不知其二라하니 只如山

---

80) [염송설화] 一狀領過者, 不妨過也.(지나가도 무방하다.) → 네 말은 허물이 많으며 낙처를 모르고 하는 소리라는 의미이다.
81) [염송설화] 猶有這葛藤在者, 塵雖盡去 篝迹猶在故.(티끌은 비록 다했으나 빗자국이 아직 남았기 때문이다.)
82) [염송설화] 待我上山探柱杖者, 老將不論兵也.(노장은 병졸을 탓하지 않는다. / 다른 수단을 보여주는 것이다.) → 말이 끊어진 세계는 주장자로 보여주겠다는 의미이다.
83) [염송설화] 放過一著, 這一著放過也 好也.(그 한 수는 놓아두는 것이 좋았겠다.) → 마지막 말은 안 했으면 좋았을 뻔 했다는 의미이다.

僧은 下五个錯이라 且道하라 落在什麽處오 莫將閑學解하야 埋沒祖師禪이어다하다.

또 어떤 스님이 마대사에게 물은 데서부터 "지장에게 가서 물어보라"고 한 곳까지를 들어 선사가 착어하였다. "틀렸다."

스님이 지장에게 물은 데서부터 "회해 사형께 가서 물어보라"고 한 곳까지를 들어 말하였다. "틀렸다."

스님이 회해에게 물은 데서부터 "아는 것이 없다"고 한 곳까지를 들어 말하였다. "틀렸다."

스님이 마조에게 가서 이야기한 데서부터 "회해의 머리는 검도다."라고 한 데까지를 들어 말하였다. "틀리고 틀렸다."

또 이어 말하였다. "만일 눈이 밝은 사람이라면 한 번 들자마자 바로 낙처(落處)를 알리라. 백운 선사는 '그 스님은 한 무더기의 소경을 메고 와서 안락하지 않음과 바꾸었다'고 했다. 마대사는 '지장의 머리는 희고 회해의 머리는 검도다.'라고 한 것을 백운이 염하여 말하기를 '풍후선생(風后先生)[84]은 하나만 알고 둘은 몰랐다'고 하였는데, 나 원오의 경우에는 다섯 번의 '틀렸다'는 평을 내렸다. 말해 보라. 어느 곳에 떨어졌는고? 부질없는 학문과 견해를 가지고 조사선(祖師禪)을 매몰시키지 마라."

又小条에 僧問離四句로 [至]問取西堂去라하니 此意如何오한대 師云하되 三頭兩面이니라하다 進云하되 僧問西堂하니 西堂云하되 我今日頭痛이라 問取海兄去는 又作麽生고한대 師云하되 同坑에 無異土니라하다 進云하

---

84) 풍후선생(風后先生): '풍전한(風顚漢)'이란 말과 같이 '미친 사람'이란 뜻이다. 마조 선사를 백운 선사가 이렇게 표현한 것이다. 황벽도 제자인 임제를 '풍광승(風狂僧)'이라 표현한 바 있다.

되 僧問海하니 海云하되 我到這裏하야 却不會는 又作麼生고한대 師云하되 黑柒桶裏夜生光이니라하다 進云하되 只如僧이 擧似馬祖하니 祖云하되 藏頭白海頭黑은 又作麼生고한대 師云하되 不許外人知니라하다.

또 소참법문을 할 때 어떤 스님이 "사구를 여의고"에서 "서당에게 가서 물으라"고 한 데까지를 물었다. "이 뜻이 무엇입니까?" 선사가 말하였다. "세 머리에 두 얼굴이니라."

다시 물었다. "스님이 서당에게 물으니 서당이 말하기를 '나는 오늘 머리가 아프니 회해 사형께 가서 물어보라'고 한 것은 또 무슨 뜻입니까?" 선사가 말하였다. "같은 구덩이에 다른 흙이 없느니라."

다시 물었다. "스님이 회해에게 물으니 회해가 말하기를 '나는 그것에 대해서 알지 못한다'고 한 것은 또 무슨 뜻입니까?" 선사가 말하였다. "검은 칠통 속에서 밤에 광채를 내는구나."

다시 물었다. "스님이 마조에게 이야기를 하니 마조가 이르기를 '지장의 머리는 희고 회해의 머리는 검도다'한 것은 또 무슨 뜻입니까?" 선사가 말했다. "바깥 사람이 아는 것을 허락하지 않음이로다."

白雲昺이 拈하되 人平不語하고 水平不流[85]라 者僧이 只知日裏點燈하고 且不知半夜潑墨이로다 若也眼似流星인댄 方見得赤心片片하리라하다.

백운병이 염하였다. 사람이 평등하면 말이 없고 물이 평평하면 흐르지 못한다. 이 스님은 다만 대낮에 등불 켤 줄만 알았지 밤중에 먹물 뿌릴 줄은 몰랐다. 만일 눈빛이

---

85) 인평불어 수평불류(人平不語 水平不流): 이 구절은 2008년 당시 조계종 총무원장 지관 스님이 이명박 전(前) 대통령의 종교 편향에 대해서 항의하면서 법문에서 사용한 구절이기도 하다.

별똥[86] 같다면 바야흐로 속마음을 조각조각 알리라.

心聞賁이 拈하되 **尊宿家**가 箇箇 有些毛病이나 就中是馬大師最甚이로다 瑞嵓恁麽道에 忽有箇漢이 出來指定하고 大笑一聲하면 也好憨惶殺人이리라.

심문분이 염하였다. 큰스님들이 각각 약간의 병폐가 있는데 이 가운데 마대사는 더욱 심하구나. 나 서암이 이렇게 말할 때 홀연히 누가 튀어나와 버티고 서서 한바탕 크게 웃었더라면 몹시도 사람들을 당황케 하였으리라.

---

86) 유성(流星): 고대의 보검(寶劍)의 이름이기도 하다.

염송설화 拈頌說話

[四句] 四句百非者 海照頌云 强計眞常起有無 飜成十六性情麁 已起未起幷三世 根本四句百不孤 筆削云 百非者 一異有無等四句明之 則一非一亦一亦非一 異非異亦異亦非異 有非有亦有亦非有 無非無亦無亦非無等 共成十六 過現未三世 各有十六 則共成四十八 已起未起亦各有四十八 則共成九十六 幷根本四句 則却成百非也 離四句絶百非者 這僧會來問耶 不會來問耶 我今無心情云云者 離四句絶百非道得無分故 伊麽道得耶 若伊麽累他 馬祖不識話頭也 不見成都眞覺云 只消看馬祖一句 自然一時理會得 從我今日頭痛至却不會者 與馬祖一般 道不得耶 今日頭痛不能爲汝說者 頭痛故不說耳 非無說地法 我到這裏却不會者 百不會故 亦無說地法也 藏頭白海頭黑者 因智藏懷海頭白頭黑 據款決案也 意旨則如何 馬駒踏殺天下人 臨濟未是白拈賊云云

- 雪竇 上句 雖是明眼漢 湊泊不得何也 明眼故也 馬駒踏殺天下人云云者 無位眞人 是什麽乾屎橛 到此亦未爲好手也 離四句云云者 我謂前父子三員作家也

- 天童 藥之作病云云者 南泉云 不是心[至]物 此非藥耶 被百丈折拶 返是病也 前聖謂如南泉等也 病之作醫云云者 言前父子三員用得 故云

白頭云云也 堂堂坐斷云云者 維摩默然 是坐斷舌頭路 笑殺三箇老僧也

- 蔣山 可憐馬祖三人至勘破者 似未得無事 這僧却是無事也

- 白雲云云者 三師意未曾伊麽也

- 法眞 明父子三人一一無孔鐵鎚 亦香山上堂亦同 上方益白雲演上 一一不放過也

- 佛眼 明三員道得處 病之作醫也

- 又下五錯又作麽生 直須字細 風後先生 風顚漢也

- 又小条 三頭兩面者 說不說是兩面 又伊麽道 非要三頭兩面 不肯也 同坑無異土者 亦不放過也 到這裡却不曾者 有些子可取也 柒桶裏生光者 謂借許也 不許外人知者 見自意也 前問答與五錯 明一一是無孔鐵鎚 此亦不放過也

- 白雲 人平至流者 馬祖三人伊麽道 不止如此 必有落處也 只知日裏云云者 只知馬祖三人 是日裏點燈 不知半夜潑墨 若也眼似流星云云者 向半夜潑墨處著眼 則方知馬祖三人落處

- 心聞 尊宿家[至]最甚者似乎是病也 瑞庵伊麽道云云者 病之作醫也

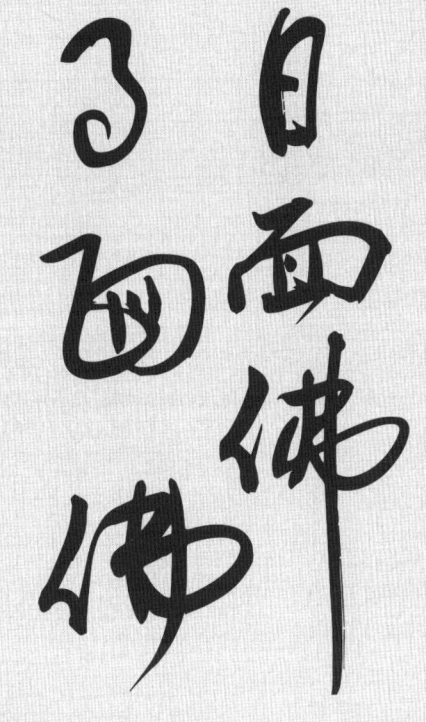

5 일면불 월면불 日面佛 月面佛

《선문염송》제5권 169. 일면(日面)

古則 고칙

馬大師가 不安하거늘 院主問하되 和尚近日尊位如何오한대 師云하되 日面佛月面佛이니라하다.

마대사[馬祖]가 불편하거늘 원주가 물었다. "화상이시여, 요즘 법체가 어떠하십니까?" 스님이 말했다. "일면불 월면불(日面佛 月面佛) 이니라."

염송 拈頌

雪竇顯이 頌하되 日面佛月面佛이여 五帝三皇是何物고 二十年來曾苦辛이라 爲君幾下蒼龍窟고 屈堪述이여 明眼衲僧莫輕忽하라.

설두현이 송하였다. 일면불 월면불이여. 오제(五帝)와 삼황(三皇)[87]은 무엇이던고?[88] 20년 동안 고생스럽게 애를 써서 그대 위해 몇 번이나 창룡굴에 내려갔던고? 굴욕스러우나 감내하고 말하노니 눈 밝은 납자도 경솔하게 굴지 말라.

大覺璉이 頌하되 日面佛月面佛이여 晝深藏兮夜不出이라 衲僧指着斗攢眉요 土地端嚴獼猻骨이니라 咄咄遮靈物이여 措大金錢未肯燒하고 雨裏瞰乾埋虎窟이로다.

---

87) 오제 삼황(五帝 三皇): 삼황이란 중국 고대 전설상의 세 임금으로 복희씨(伏羲氏), 신농씨(神農氏), 황제(黃帝)를 일컫는다. 오제는 상고시대 전설상의 오위 제왕으로 일설에서는 '황제(헌원), 전욱(고양), 제곡(고신), 요, 순'을 일컫기도 한다.
88) 설두 중현 선사가 20년만에 이 화두에 내놓은 답이다.

대각련[89]이 송하였다. 일면불 월면불이여, 낮에는 깊이 숨고 밤에도 안 나오네.[90] 납승이 가리키니 북두가 눈썹에 닿고[91] 토지신의 장엄함은 원숭이 뼈로 이루어졌네.[92] 쯧쯧, 저[93] 영물[94]이여, 샌님은 금전(金錢)을 사르지 못하고 빗속에 말려서 범굴에 묻는다.[95]

薦福逸이 頌하되 日面佛月面佛이여 晶晶冥冥하고 怳怳惚惚이라 左顧右盼에 乍出乍沒이로다 茫茫匝地普天에 幾箇是知窠窟가 知窠窟이여 似何物고 急急急遼天鶻이로다.

천복일이 송하였다. 일면불 월면불이여, 밝은 듯 어두운 듯 황황하고 홀홀하다.[96] 왼쪽을 보고 오른쪽을 살피니 잠깐 나타났다 잠깐 사이에 사라진다. 망망하여 하늘땅 끝없는데 몇이나 창룡굴 아는 이 있던가? 창룡굴을 안다 하니 어떤 물건과 같은가. 급하고 급함이 하늘을 나는 매와 같도다.

---

89) 대각 회련(大覺 懷璉, 1009-1090): 송나라 때 소동파와 친분이 두터웠던 운문종 선사로 아육왕사에 주석하며 법을 펼쳐서 만방에 이름을 알렸다.
90) 일면불 월면불의 화두가 매우 어렵다는 의미이다.
91) 먼 것이 가까이 와 있다는 뜻이니 화두가 매우 쉽다는 의미이다.
92) 토지신은 터줏대감이니, 그 신단의 장엄은 주로 원숭이의 뼈 같은 것으로 이루어졌다하여 별것이 아니란 뜻이다.
93) 遮 = 這 = 者
94) 일면불 월면불을 가리킨다.
95) 조대(措大): 꼼꼼한 선비를 이르는 말이나 여기서는 망설임이 많은 사람, 어리석은 짓 하는 졸장부를 뜻한다. 그들은 토지신에게 제사를 지낸 뒤 운수가 좋다 하면 날씨 좋을 때 사르고, 만일 불길하다면 비 오는 날 범굴에 묻으면 좋다고 여기고 있다. 금전(金錢)이란 제사할 때 차릴 장엄거리이다
96) 황홀(恍惚): "無狀之狀, 無物之象, 是謂恍惚."《노자 도덕경》14장, 있는 듯 없는 듯 보이는 듯 보이지 않는 듯 느낄 수 있는 듯 느낄 수 없는 듯한 진리나 도의 상태를 말한다.

蔣山泉이 頌하되 日面月面이여 左旋右轉이로다 大唐擊皷하고 新羅發箭
이로다 流水는 前溪後溪하고 落花는 三片五片이로다 聾人不聽忽雷聲하고
空向雲中看閃電이로다.

장산천이 송하였다. 일면불 월면불이여, 왼쪽으로 돌고 오른쪽으로 구른다. 당나라에서는 북을 두드리고 신라에서는 활을 쏜다. 시냇물은 앞뒤로 흐르는데 꽃이 지니 세 조각 다섯 조각. 귀머거리는 천둥소리 듣지 못하고 공연히 구름 속의 번갯불만 보더라.

天童覺이 頌하되 日面月面이여 星流電卷이로다 鏡對像而無私하고 珠在
盤而自轉이라 君不見가 鉗鎚前百鍊之金이요 刀尺下一機之絹이로다.

천동각이 송하였다. 일면불 월면불이여. 별은 흘러가고 번개는 걷히도다. 거울은 형상을 대하여 사심이 없고, 구슬은 쟁반 위에서 절로 구르네. 그대 보지 못했는가? 쇠집게와 쇠망치 앞의 백 번 정련된 금이고, 재단하는 칼 밑의 한 필 비단이로다.

眞淨文이 頌하되 日面月面이여 胡來漢現이로다 一點靈光이 萬化千變이
로다.

진정문이 송하였다. 일면불 월면불이여. 오랑캐가 오는데 한족이 나타난다. 한 점의 신령한 빛이 천 가지 만 가지로 화하고 변한다.

菩提院 則之가 頌하되 日面月面이여 左轉右旋이로다 萬里光寒하고 千江
影現이로다 碧眼黃頭여 是何神變고.

보리원 측지가 송하였다. 일면불 월면불이여. 왼쪽으로 구르고 오른쪽으로 도는구나. 만 리에 광채가 싸늘하고, 천 개의 강에 그림자가 나타났네. 눈 푸르고 머리 노란 사람이여 이 무슨 신비한 변화인가?

東林摠이 頌하되 日面月面佛無私라 誰薦驪龍頷下珠오 滿握光明耀斗牛어늘 何須按劍立庭除리오.

동림총이 송하였다. 일면·월면불이 사심이 없으니, 누가 이룡의 턱밑 구슬[97]을 바치겠는가? 한 아름의 광명이 북두를 밝게 비치거늘 무엇하러 칼을 집고 뜰 입구에 서 있겠는가?

雲臺靜이 頌하되 欲識日面月面인댄 休更左右顧眄하라 直下箭過新羅어늘 空裏徒勞繫電이로다.

운대정이 송하였다. 일면불 월면불을 알고자 한다면 다시는 좌고우면하지 마라. 화살은 곧바로 신라를 지났거늘 허공 속에서 한갓 수고로이 번개를 매어 두려하네.

保寧勇이 頌하되 蒲團上端坐하고 針眼裏穿線이라 西風一陣來하니 落葉兩三片이로다.

97) 깊은 물 속에 사는 흑룡의 턱 밑에 있다는 값진 구슬로 목숨을 걸고 구하지 않으면 얻지 못하는 값진 보옥을 가리킨다. 진귀한 물건이나 사람을 비유한다.

보녕용이 송하였다. 포단에 단정히 앉아 바늘귀에 실을 꿴다. 서풍이 한바탕 불어오니 낙엽이 두세 쪽 떨어지네.

法眞一이 頌하되 日面月面이 分明對現이라 潭底秋空에 目前誰辨고.

법진일이 송하였다. 일면불 월면불이여, 분명히 나타났네. 깊은 물 밑의 가을 하늘, 눈앞에서 누가 가려내리.

上方益이 頌하되 日面東兮月面西라 誰云任運落前溪오 山桃落盡春歸去한데 猶有子規枝上啼로다.

상방익이 송하였다. 일면불은 동쪽이요, 월면불은 서쪽이라. 누가 마음대로 앞개울에 떨어졌다 하는고? 산 복숭아꽃 다 지고 봄은 가는데 아직도 소쩍새는 가지 위에서 우는가?

雪竇寧이 頌하되 日面月面이 天迴地轉이로다 道吾呼神하고 石鞏看箭이로다 欲識馬師인댄 觀音示現이니라.

설두녕이 송하였다. 일면불 월면불이여, 하늘은 돌고 땅은 구르도다. 도오[98]는 신을

---

98) 도오(道吾): 천황 도오 선사를 가리킨다. 그는 귀신에게 제사 지내는 것을 보고 도를 깨친 뒤에 설법할 때마다 신에게 제사 지내는 춤을 추었다. 그의 문하에서 용담 숭신이 나오고 그 뒤를 이어 덕산 선감이 나왔다.

부르고 석공[99]은 화살을 보라 하네. 마조를 알고자 할진대 관음이 시현하도다.

白雲演이 頌하되 髼鬆女子畫娥眉하니 鸞鏡臺前語似癡라 自說玉顏難比並이러니 却來架上着羅衣로다.

백운연이 송하였다. 쪽진 머리 노비 여자 아이가 눈썹까지 그리고선 난새 경대 앞에서 수줍음을 머금네. 자기의 고운 얼굴 제일이라 말하더니 횃대 가로 달려가서 비단옷을 걸치네.

翠嵓宗이 頌하되 日面月面이여 金針玉線이로다 繡出巧鴛鴦하니 雙雙誰不羨고 戴月宿蘆花하고 隨波戲水面이라 瞥然飛起碧霄空터니 擧首銀河橫素練이로다.

취암종이 송하였다. 일면불 월면불이여, 금바늘에 옥실이로다. 교묘한 원앙을 수놓으니 쌍쌍을 누가 부러워 않으리. 달을 이고 갈대꽃에서 자다가 물결 따라 물 위에서 노니네. 갑자기 날아올라 푸른 하늘로 치솟고 머리 드니 흰 비단에 은하수가 비껴 있네.

長靈卓이 頌하되 日面佛月面佛이여 大海波翻하고 須彌突兀이로다 磕破

---

99) 석공(石鞏): 석공 혜장(石鞏 慧藏) 선사를 기리킨다. 그는 포수였다가 마조와 문답을 나누고는 사냥을 그만두고 출가하였다. 그는 30년 동안 활을 당기는 시늉을 하는 법문을 하였는데 지음자인 삼평(三平) 선사를 만나 "삼십 년 만에 반 개 성인을 얻었다."고 흡족해 했다.

腦門하니 額頭汗出이로다 明眼衲僧未辨明하야 擡頭好看冲天鶻이로다.

장령탁이 송하였다. 일면불 월면불이여, 큰 바다에 파도가 번득이고 수미산이 우뚝 솟았구나. 뒤통수를 후려치니 이마에 땀이 솟는구나. 눈 밝은 납자도 분간하기 어려워서 고개 들고 하늘에 솟은 매를 보는 게 좋겠노라.

白雲昺이 頌하되 日面月面이여 空中閃電이로다 佇顧停機하면 垛成招箭하리라.

백운병이 송하였다. 일면불 월면불이여, 하늘에 번개가 번뜩인다. 우두커니 돌아보며 기틀을 멈추면 화살 받이에 화살을 자초하리.

崇勝珙이 頌하되 日面佛兮月面佛이여 兎角杖兮龜毛拂이로다 馬大師兮安不安가 烏東升兮兎西沒이로다 兎西沒이여 豊干禪師騎虎出하야 路逢拾得笑哈哈러니 却被寒山咄咄咄이로다.

숭승공이 송하였다. 일면불 월면불이여, 토끼 뿔 지팡이와 거북 털[100] 불자로다. 마조

---

100) 토끼 뿔 거북 털(兎角龜毛): "거북은 본래 털이 없고 토끼 또한 뿔이 없다. 그러나 거북이 물속에서 헤엄을 치면 몸에 수초가 묻는데, 사람들이 그것을 보고는 수초를 거북의 털이라고 잘못 인식한다. 또한 곧게 뻗은 토끼의 귀를 토끼 뿔이라고 잘못 인식한다. 그러므로 여러 경론에서 매번 '거북 털과 토끼 뿔'로서 유명무실한 것에 비유하거나 현실에서 전혀 존재하지 않는 사물을 비유한다. 또한 범부들의 실아(實我)와 실법(實法)에 대한 망령된 집착을 비유하기도 한다. 〈성실론 권2〉에서는 '세간사 가운데 토끼뿔, 거북털, 뱀다리, 소금향, 바람색 등과 같은 이름(에 해당하는 실물)은 없다'고 했다."(龜本無毛, 兎亦無角, 然龜游水中, 身沾水藻, 人視之則誤認水藻爲龜毛, 又如誤認直豎之兎耳爲兎角, 故諸經論每以 '龜毛兎角' 比喩有名無實, 或現實中全然不存在之事物, 亦卽凡夫對實我實法之妄執. 成實論卷二, '世間事中, 兎角·龜毛·蛇足·鹽香·風色等, 是名無.')

선사여 편안한가 불안한가. 까마귀(해)는 동쪽에 솟고 토끼(달)는 서쪽에 지도다. 달이 서쪽에 진다 함이여, 풍간[101] 선사가 범을 타고 나가서 길가에서 습득[102]을 만나 '하하'라고 웃더니 도리어 한산[103]에게 꾸지람을 받았네.

心聞賁이 頌하되 古廟耽耽枕古城하니 推門杳不見神形이라 這迴却打門前過하니 更不疑他禍福靈이라.

심문분이 송하였다. 옛 사당 깊고 으슥하게 옛 성터에 기대어 있는데, 문 열어도 어두침침 신의 형상 안보이네. 이번에도 참배하고 그 앞을 지났으니 다시는 그 화복의 영험을 의심치 않으리.

介庵朋이 頌하되 日面月面이여 雷公閃電이로다 雨散雲收하니 長江練練이로다.

개암붕이 송하였다. 일면불 월면불이여, 우레가 번개를 치는구나. 비 그치고 구름 걷히니 장강이 비단 같구나.

---

101) 풍간(豊干): 천태 풍간(天台 豊干). 생몰연대는 미상, 당대(唐代)의 거사. 천태산 국청사에 은거하던 삼은(三隱)의 한 사람. 부처의 뜻을 물으면 단지 '수시(隨時)'라고만 대답하였으며, 국청사 부엌에서 일하는 한산(寒山), 습득(拾得)과 특별히 친했다고 한다. 여구윤이 법요를 묻자 문수와 보현을 만나서 물어보라고 하였는데, 여기서 문수와 보현은 한산과 습득을 가리킨다.

102) 습득(拾得): 중국 당나라 때 천태산 국청사에 있던 사람으로 성명과 행적은 불상(不詳). 한산(寒山)과 친히 사귀었고 한산과 함께 떠난 뒤로 자세한 행적을 알 수 없다.

103) 한산(寒山): 중국 당나라 때 천태산에 있던 사람으로 성명은 미상. 천태 시풍현(始風縣) 서쪽 70리에 있는 한암(寒巖)의 깊은 굴속에 있었으므로 한산이라 한다. 세간에서는 한산·습득·풍간을 삼성(三聖)이라 불렀다.

混成子가 頌하되 日面月面이여 衲僧針線이로다 劄住綾羅하고 穿破紬絹이로다 頂門有眼放光明이어늘 今古目前俱不見이로다.

혼성자가 송하였다. 일면불 월면불이여, 납승의 바늘과 실이로다. 비단옷을 꿰매고 명주옷을 깁는구나. 정수리에 눈이 있어 광명을 내뿜거늘, 예나 지금이나 눈앞에서 아무도 못 보네.

知非子가 問南禪泉和尚하되 日面佛月面佛이라하니 古人意旨如何오한대 南禪云하되 添鹽索醋니라하고 復成頌曰하되 添鹽索醋亦多知로되 八駿如風不易追니라 五帝三皇何處去오 寒蟬聲在夕陽枝로다 又自云하되 指東劃西니라하고 復成頌曰하되 指東劃西還會麼아 八十員中三兩个라 蒼龍窟裏幾馳求요 隔海新羅鷂子過로다.

지비자[104]가 남선천 화상에게 물었다. "일면불 월면불이라 하니 고인의 뜻은 무엇입니까?" 남선이 대답하였다. "소금을 치고 초를 찾는 일이니라." 다시 게송을 만들어 읊었다. "소금을 치고 초를 찾는 일 아는 이가 많으나 바람 같은 여덟 준마 따르기 쉽지 않네. 오제 삼황은 어디로 갔는가? 싸늘한 매미소리 석양 가지에 있도다."
또 스스로 말하였다. "동쪽을 가리키고 서쪽을 긋느니라." 다시 게송을 만들어 읊었다. "동쪽을 가리키고 서쪽을 긋는 뜻 알겠는가? 팔십 명 중[105]에 아는 이 두셋이라.

---

104) 자비자 자온(知非子 子溫, ?-1296): 송대(宋代)의 화가 승려였다. 자는 중언(仲言), 호는 일관(日觀)과 지귀자(知歸子)이다. 화정(華亭) 사람으로 초서를 잘 썼다.

105) 마조의 제자는 모두 종장이 되었다고 하는데 그 중에서 80여 명의 선지식이 배출되었다. 마조의 선법을 홍주종(洪州宗)이라 하는데 홍주 개원사(洪州 開元寺)에서 오래 주석했기 때문이다. 흔히 선종사에서 조사선(祖師禪)을 완성시켜 선의 황금시대를 열었다고 평가하고 있으며 마조-백장-황벽-임제의 어록을 묶어 사가어록(四家語錄)이라 한다.

창룡굴 속에 몇 번이나 치달려 들었던가? 바다에 막힌 신라로 새매가 지나가도다."

無爲子가 頌하되 日面佛月面佛이여 夜夜朝朝好風物이로다 馬駒踏殺天下人이여 軒轅照破精靈窟이로다.

무위자가 송하였다. 일면불 월면불이여, 밤마다 아침마다 좋은 경치로다. 망아지가 천하 사람을 다 밟아 죽이니 황제 헌원씨106)가 정령의 굴 비추어 부수었네.

無盡居士가 頌하되 什邡駒子氣生獰하야 蹴蹋毗盧頂上行이로다 正患脾疼却頭痛이라 病來猶有巧心情이로다.

무진거사107)가 송하였다. 십방(什邡)108)의 망아지 성품이 사나워서 비로자나의 정수리를 걷어차며 설쳐대네. 지라에 병이 나고는 도리어 골치가 아프다고 하니 병들어도 여전히 간사한 마음 있구나.

智海逸이 病起하야 上堂云하되 山僧이 數日拙於將理하야 勞諸禪德의 頻到問訊이로다 憶得하니 馬大師不安에 院主問으로 [至] 月面佛하야 師

---

106) 황제 헌원이 거울을 만들었기 때문에 정령굴을 비추었다는 표현을 했다. "삼황오제가 이 무슨 물건인고?"라는 말과 "창룡굴을 몇 번이나 들고났던가?"라는 설두의 답과 함께 이 말의 뜻을 심사숙고해 보아야 한다.

107) 장삼영(張商英, 1043-1121): 원오 극근과 대혜 종고에게서 수행한 거사불교의 대표적인 수행자이다.

108) 십방(什邡): 사천성의 현 이름으로 마조의 출신지이다.

云하되 此話를 天下叢林이 咸言盡善盡美라하나 殊不知라 馬大師는 閑雲生不雨하고 院主大德을 病葉落非秋로도 薦福即不然하리라 和尚近日尊候如何오하면 自云하되 風氣攻人腦하니 疼痛不堪言이라하리라하다.

지해일[109]이 병에서 일어나 상당하여 말하였다. "내가 며칠 동안 몸조리[110]를 소홀히 해서 여러 선덕이 자주 문안 오게 하여 수고롭게 했소. 생각해 보니, 마조대사가 병석에 있자 원주가 물은 대목에서부터 월면불이라고 답한 것까지에 대해, 천하의 총림 모두가 훌륭하고 아름답다고 말하지만 나는 모르겠소. 마조대사는 한가로운 구름을 일으켰어도 비를 내리게는 못하였고, 원주 대덕은 병든 잎을 떨어뜨려도 가을은 아니었지. 나 천복은 그렇지 않으니, '스님은 요즘 존후가 어떠십니까?' 하면, 나는 '바람 기운이 사람의 뇌를 공격하니 아픈 통증이 감히 말할 수 없는 지경이다'라 말하겠소."

香山良이 上堂擧此話云하되 日面佛月面佛이여 波斯走入新羅國이니 天高地遠少人知하고 水闊山長有誰識고 釋迦文千百億의 手裏黃金變爲錫이라 那落迦裏叫蒼天하고 都史陁中喚彌勒이로다 休休하라 斯須市退勿人收로다 將謂秦時無底椀이러니 元來秪是大饅頭로다 參이라하다.

향산량[111]이 상당하여 이 이야기를 들어 말하였다. "일면불 월면불이여! 페르시아 사람이

---

109) 지해 본일(智海 本逸): 송대의 선사로 생몰연대 미상. 운문종 개선 선지(開先 善遲)의 법사이며 청원의 10세 법손이다. 천복 본일(薦福 本逸)이라고도 한다.
110) 장리(將理): 몸조리를 뜻한다.
111) 향산 온량(香山 蘊良): 남악의 15세 법손이다.

달려와 신라국에 들어감이라. 하늘은 높고 땅은 멀어 아는 사람 드물고, 물길은 넓고 산세는 기니 누가 앎이 있으리오. 천백억 화신 석가모니의 손에 있는 황금이 변해서 석장(錫杖)이 되었으니, 나락가(지옥)에서 '아이고(蒼天)!'라 절규하고, 도사타(도솔천)에서 미륵을 부르는구나. 쉬고 쉬어라. 잠깐 사이에 시장이 파하니 거두는 사람이 없음이로다. 진나라 때 바닥없는 그릇이라 여겼는데 원래가 그저 큰 만두였구나. 참구하라."

東林摠이 上堂擧此話云하되 五湖衲子가 今古商量道하되 何不進語오하면 云和尙이 宜喫薑附湯이라하며 又云起動和尙이라하며 又云且喜安樂이라하며 又云日面也與麽라하고 月面也與麽라하며 又云日面光明이요 月面炡爀이라하니 與麽話會가 一期也縱奪可觀이나 何異狂子가 求畵餠以充飢하며 迷鹿이 逐陽燄而止渴이리오 還有人이 於此에 道得个坐斷天下人舌頭底句麽아 若有인댄 可謂續出一馬駒하야 蹋殺天下人去어니와 若無인댄 明朝後日看하라 卓頭靑絲三五莖이요 懷裏香錢一兩个라 胡張三黑李四가 祖殿上에 喃喃爲你說破하면 方知道金雞解嚼一粒米하야 供養什方羅漢僧하리라하다.

동림총이 상당하여 이 이야기를 들어 말하였다. "5호의 납자들이 고금을 통해서 분별하는데 어찌 말을 하지 않는가 하면, 어떤 이는 '화상은 강부탕을 드십시오' 하고, 또 어떤 이는 '화상은 몸을 좀 움직이세요' 하기도 하고, 또 어떤 이는 '안락하시니 기쁩니다' 하기도 하고, 어떤 이는 '일면불이라 해도 그렇고, 월면불이라 해도 그렇다'고 하며, 어떤 이는 '일면불은 광명이요, 월면불은 빛이 난다' 하니, 이와 같은 이야기가 흰비탕 풀이주고 빼앗고 하는 깃은 볼민하거니와 미친 자가 그림 속의 띡을 찾아 배고픔을 채우고 길 잃은 사슴이 아지랑이를 좇아 갈증을 그치려는 것과 무엇이 다르랴. 또한 어떤 사람이 이에 대해 천하 사람들의 혀를 끊을만한 구절을 말할 수 있겠는가? 있다면 가히 망아지 한 마리가 계속 나와서 천하 사람들을 다 밟아 죽인다 하겠거니와 만약 없다면 내일 아침이나 다음날에 보자. 머리에는 푸른 실 너덧 올이요, 품에는 향기 나는 돈 한두 푼이라, 오랑캐 장씨의 삼남과 검은 피부 이씨의 사남이 조사전 위에서 중얼중얼 그대에게 설파하면 비로소 '황금 닭이 한 톨의 쌀을 물어다가 십방의 나한사 스님(마조)께 공양한다'라는 말을 알게 되리라."

又馬祖忌日에 上堂云하되 大寂禪師가 得法於南岳讓和尙하고 示寂江西하시니 建塔泐水라 不安之時에 院主問和尙近日로 [至]月面佛에 院主便休去하니 師云하되 東西衲子와 南北禪人이 競頭商量하야 紜紜不已라 最好是一般道하되 馬祖臨終에 便乃傾囊抖擻라 院主雖然無語나 直下에 有陷虎之機라하며 或云하되 釣鼇之鉤는 蝦蜆이 不顧하고 張鳳之網은 鷦雀이 何知리오하니 寶峯이 今日에 截斷衆流하고 都爲諸人頌却하리라 莫向伽羅掌內觀하라 來機深辨更何言고 金雞啄破瑠璃殼이요 玉兎挨開碧海門이로다하다.

또 마조의 기일에 상당하여 말하였다. "대적 선사가 남악회양 화상에게 법을 얻고 강서에서 입적하니 늑수에 탑을 세웠다." 그가 편치 않았을 때 원주가 묻기를, '화상이시여, 요즘의 존후가……에서 월면불이니라'고 한 데까지에 대해서 원주가 바로 그만두니 선사가 말했다. "동서의 납자와 남북의 선객들이 머리를 맞대고 생각하여 분분하기가 그지없다. 그 중에 가장 두드러진 것은 '일반적으로 말해서 마조는 임종할 때에 주머니를 뒤집고 툭툭 털었다. 원주는 비록 아무 말이 없었으나 당장에 범을 사로잡을 기틀이 있었다'라는 것이다. 혹자는 말하기를 '자라를 낚는 낚시는 개구리가 돌아보지 않고, 봉황을 잡는 그물을 참새가 어찌 알리요'라고 하니, 나 보봉은 오늘 뭇 흐름을 잘라내고[112], 모두 여러분을 위해 게송으로 읊어 보리라. 가라(아수라)의 손바닥을 관찰하지 말지니라. 까닭을 깊이 가린들 다시 무슨 말을 하리오. 황금 닭이 유리 껍질을 쪼아 부수고 옥토끼가 푸른 바다 문턱을 두드려 여네.[113]"

靈源淸이 上堂擧此話云하되 院主當時에 見他恁麼道하고 但點一盞淡薑湯與他런들 馬大師가 若也善別機宜인댄 便應云하되 吾赤心旣吐하고 汝靑眼還開라하리라 雖然如是나 埋沒殺人이로다 欲得不遭埋沒麼아 更須會取隔身句니라하다.

영원청이 상당하여 이 이야기를 들어 말하였다. "원주가 당시에 그가 이렇게 말하는 것을 보고 다만 한 잔의 맑은 생강탕을 달여서 그에게 바쳤더라면, 마대사가 만약 사태를 잘 분별한다면 바로 응하며 말하기를, '나는 속마음을 다 털어놓았고 그대는 푸른 눈이 열렸구나'라고 했을 것이다. 비록 그러하나 사람들을 매몰시켜 죽이는 것이로다. 매몰당하는 것을 만나지 않기를 원하는가? 다시 모름지기 격신구[114]를 취할 줄 알아야 하느니라."

---

112) 절단중류(截斷衆流): 운문삼구(雲門三句)의 하나임. 운문 문언(雲門 文偃)의 제자 덕산 연밀(德山 緣密)이 운문종에서 수행자를 지도하는 방법을 세 구절로 정리한 것이 운문 삼구이다.
　① 함개건곤(函蓋乾坤): 하늘과 땅을 덮어 포용한다, 곧 진리는 모든 현상에 널리 퍼져 있다는 뜻이다.
　② 절단중류(截斷衆流): 모든 흐름을 끊어 버린다. 곧 수행자의 번뇌·망상을 명쾌하게 끊어 버린다는 뜻이다.
　③ 수파축랑(隨波逐浪): 파도를 따라 흐름을 같이한다. 곧 수행자의 소질이나 능력에 따라 자유자재로 지도한다는 뜻이다.
113) 아수라는 양 손에 일월(日月)을 쥐고 있기 때문에 손을 관찰하지 말라는 언급이 있었고 금닭과 옥토끼를 얘기하고 있는 것이다.
114) 격신구(隔身句): 말은 막혀 있으나 뜻은 통해 있는 구절이란 뜻으로 말은 전혀 상관없는 듯 독립되어 있으나 낙처가 내면에서 상통하는 구절, 말을 여읜 구절을 의미한다.

竹庵珪가 擧此話云하되 病在膏肓이로다하다.

죽암규가 이 이야기를 들어 말하였다. "병이 고황[115]에 있구나."

慈航朴이 上堂云하되 日面佛月面佛이여 亘古亘今하고 東涌西沒이로다 明頭合暗頭合하고 在彼在此하야 千重百匝이로다 衲僧謾自口吧吧하니 糞掃堆頭에 添榼㯢이로다하고 以拄杖卓一下하다.

자항박이 상당하여 말하였다. "일면불 월면불이여, 고금을 꿰뚫고 동서에 출몰한다. 밝음과 어두움에 합하며 여기저기에 있으니 천 겹이며 백 둘레로다. 납승이 자신을 속이면서 입은 수다스러우니[116] 쓰레기 더미 위에 쓰레기를 더 보태는구나." 하고는 주장자를 세워서 한 번 내리쳤다.

---

115) 고황(膏肓): 심장 아래쪽과 횡격막의 윗부분 사이에 있는 곳으로 여기에 병이 들면 고치기가 어렵다. 병이 고황에 있다는 것은 병환이 매우 깊다는 의미이다.

116) 파파(吧吧): 수다스러운 모양, 말을 많이 하는 모양이다.

염송설화 拈頌說話

[日面] 日面佛月面佛者 月燈經云 月面普光佛 住世壽命一日一夜 彼佛次後 有日面無比尊佛 住世壽命一萬一千劫 彼月面佛所化國土衆生 於無常計常故 示現如是也 彼日面佛所化國土衆生 於常計無常故 示現如是也 則門庭則吾昔意謂久住於世 如日面佛 今歸期大迫如月面佛也 意則如何

일면불 월면불이라는 것은 《월등경》에 이르기를, "월면보광불(月面普光佛)은 세상에 머무르는 수명이 하루 낮 하루 밤이요, 그 부처님 다음에 일면무비존불(日面無比尊佛)이 계시니 세상에 머무르는 수명이 1만1천 겁이다.
저 월면불이 교화 하시는 국토의 중생들은 무상에 대하여 항상하다고 생각하는 까닭에 이와 같이 시현하시고, 저 일면불이 교화하시는 국토의 중생들은 항상함에 대해 무상하다고 생각하는 까닭에 이와 같이 시현한 것이다. 문정(門庭, 교화방편)으로는 내가 지난날에 오래도록 세상에 머무르는 것은 일면불과 같고 지금 돌아갈 기약이 매우 긴박하므로 월면불과 같다 했으니 그 뜻이 어떠한가?

莊椿云 各各衆生靈臺本源 光明皎皎潔潔 如日如月 所以馬大師道 日面佛月面佛 則此義耶 他處云 大智如日 能竭生死 大悲如月 淸凉有海 則馬大師不安 悲智雙運 接物利生耶 不是這箇道理也 日月偏正 悲智

亦通 所以日面佛月面佛 伊麽道得者 碧巖云 祖師若不以本分事相見
如何得此道光輝 則本分事接人也 今時例皆以無滋味沒摸索地言句 如
廬陵米作麽價 墻外地殿裏地之類 爲本分答話 見日面佛月面佛 藏頭白
海頭黑等話 便道漏逗不少 我要問他 只如日面佛月面佛 還討得滋味麽
還摸索着麽 旣討滋味不得摸索不着 莫錯會好 旣於此錯會廬陵米價 豈
是不錯會也 旣前不到村 後不到店 莫謗先聖好 又有甚者 以碧巖本分
事相見之語 將此日面佛月面佛 例彼墻外地殿裏地道 臨終念佛也 是常
事 旣是臨終念佛 何不念阿彌陁佛 却念日面佛月面佛 馬大師厥臨孔明
錯下言敎 可不畏哉

- 雪竇 五帝三皇者 治亂俱亡 向上田地也 二十年云云者 日面月面也
  爲君幾下云云者 生死窟宅也 屈者 屈它亦屈己也 堪述者 雖屈亦堪述
  處也 明眼云云者 明眼人不得輕忽也

- 智海 將理者 將行也 言如將諸大衆領也 閑雲至非秋者 不知時節謂猶
  有佛法道理在也 風氣攻人腦云云者 生死煩惱大坐著也

- 香山 那落迦 梵語 具云梨泥地獄 此云苦具也 餘不釋可知也

- 東林 車頭靑絲云云 未詳 意靑絲三五莖穿却香錢地也 胡張三至說破
  者 謂馬祖東說西說也 金雞云云者 金雞者 讓和尙金州人也 什方羅漢
  僧者 馬祖漢州什方人也

- 又上伽羅掌者 四脩羅之一也 詳見祖庭三十五丈 金雞者 正位 玉兎者
  偏位 啄破挨開者 日面月面佛 一一絕諸對待也

- 靈源 當時見他至點一盞云云者 解支對也 馬大師至還開者 得遇知音
  也 雖然如是至隔身句者 日面月面都不涉地 柱杖子但喚作柱杖也

- 竹庵意 馬大師 病在膏肓 不可治也 然則也須會取隔身句
- 慈航 亘古亘今者 非亘古亘今無斷滅 古今歷然也 明頭合云云者 日面月面一般言句也 衲僧云云者 語似不肯 意則肯他也

6 마조일할 馬祖一喝

《선문염송》 제6권 181. 재참(再參)

古則 고칙

百丈이 再叅馬祖하니 祖竪起拂子어늘 師云하되 卽此用가 離此用가하니 祖掛拂子於舊處어늘 師良久한대 祖云하되 你已後에 開兩片皮하야 將何爲人고하니 師遂取拂子竪起한대 祖云하되 卽此用가 離此用가하다 師亦掛拂子於舊處어늘 祖便喝하니 師直得三日耳聾이라

[後에 黃蘗이 到百丈하야 一日辭하고 欲禮拜馬祖去어늘 丈云하되 馬祖已遷化也니라하니 蘗云하되 未審케라 馬祖有何言句오한대 丈이 遂擧再叅因緣云하되 我當時에 被馬祖一喝하야 直得三日耳聾이니라하다 黃蘗이 聞擧하고 不覺吐舌이어늘 丈云하되 子已後에 莫承嗣馬祖否아한대 蘗云하되 不然이니다 今日因師擧하야 得見馬祖大機之用이요 且不識馬祖니 若嗣馬祖하면 已後에 喪我兒孫이니다하다]

　　백장이 두 번째 마조를 뵈니 마조가 불자(拂子)를 세웠다. 선사(백장)가 이르길, "이것에 즉[117]해서 씁니까, 이것을 여의고 씁니까?" 마조가 불자를 원래 자리에 걸어두거늘, 백장이 양구하니 마조가 물었다. "그대는 훗날 두 조각의 가죽을 열 때에 무엇으로 중생을 위하겠는가?" 하니 백장이 바로 불자를 가져다 세우니 마조가 물었다. "이것에 즉해서 쓰는가, 이것을 여의고 쓰는가?" 백장도 역시 불자를 원래 자리에 걸어두었거늘 마조가 즉시 일할을 하니 백장이 3일 동안 귀가 먹었다.

---

117) 즉(卽): 두 사물이 융화(融化)하여 일체가 되어 차별이 없음. 불일불이(不一不二)의 의미. 번뇌즉보리, 생사즉열반, 사바즉적광이 그 예이다.
　길장(吉藏)의 《대승현론(大乘玄論)》에 의거하면 다음과 같이 '즉(卽)'을 설명하고 있다. ① 두 가지 사상(事相)이 완전히 하나가 되어 둘이 아닌 불이(不二)의 관계 ② 두 가지 사상의 체는 별개이지만 서로 여의지 않는 불상리(不相離)의 관계.
　지례(知禮)의 《십불이문지요초(十不二門指要)》 권상(卷上)에서는 '즉(卽)'의 의미를 세 가지로 설명한다. ① 이물상합지'즉'(二物相合之'卽')으로 두 가지 서로 같지 않은 사물이 함께 합하여 서로 떨어지지 않는 것. 손바닥의 앞뒤가 서로 표리의 구별이 있지만 하나의 손인 것과 같은 관계 ② 당체전시지'즉'(當體全是之'卽')으로 체에 당하여 온전하게 되는 것. 떫은 감이 단감이 되는 관계 ③ 배면상반지'즉'(背面相反之'卽')으로 현상에서는 다르지만 본질상에서는 본체가 하나가 되는 것. 두 사물이 잠깐 달라 보이지만 그 체는 별개가 아닌 관계. 모두 '둘이지만 하나'인 관계이다. 이상은 《불광대사전(佛光大辭典)》 참조.

[나중에 황벽[118]이 백장에게 가서 하루 만에 하직인사를 하고 마조를 예배하러 가겠다고 하니 백장이 이르기를 "마조는 이미 천화하셨느니라" 하였다. 황벽이 이르길, "잘 모르겠습니다만 마조께서 어떤 말씀이 있었습니까?" 하니 백장이 비로소 두 번째 뵈러간 인연을 들어 말하기를 "내가 당시에 마조의 일할을 당하고 곧바로 3일 동안 귀가 먹었네." 황벽이 이 말을 듣고 자기도 모르게 혀를 쑥 내밀었다. 백장이 이르길, "그대는 훗날 마조의 대를 잇지 않겠는가?" 하자 황벽이 이르길, "그렇지 않습니다. 오늘 스님이 말씀하신 것으로 인해 마조의 큰 기틀의 작용을 보았음이요, 마조는 알지 못하니 만일 마조의 대를 이으면 이후에 저의 자손을 죽이는 것입니다."라고 하였다.]

---

118) 황벽 희운(黃蘗 希運, ?-850): 복건성(福建省) 복주(福州) 출신으로 백장 회해의 제자이다. 복주 황벽산(黃蘗山)에서 출가하고, 백장에게 사사하여 그의 법을 이어받았다. 강서성(江西省) 홍주(洪州) 대안사(大安寺)와 홍주 고안현(高安縣) 황벽산에 머물렀다. 배휴(裵休, 797-870)가 강서성 종릉(鍾陵)의 관찰사로 부임했을 때 황벽을 용흥사(龍興寺)에 모셨고, 완릉(宛陵)에 부임해서는 능양산(陵陽山) 개원사(開元寺)에 모시고 조석으로 그의 가르침을 받았는데, 그 가르침을 기록한 것이 《전심법요(傳心法要)》와 《완릉록(宛陵錄)》이다. 시호는 단제선사(斷際禪師)이며 문하에 임제 의현(臨濟 義玄, ?-867)이 나와 임제종을 개창했다.

보론 補論

《선교결(禪敎訣)》에서 서산대사가 사명대사에게 부촉한 말씀

若學人信此法이면 則雖今生未得徹悟라도 臨命終時에 不被惡業所牽하고 直入菩提正路也라 昔馬祖一喝也에 百丈耳聾하고 黃檗吐舌하니 此臨濟宗之淵源也라 師必擇正脈하야 宗眼分明故로 如許縷縷하니 後日 莫辜負老僧也하라 若辜負老僧하면 則必辜負佛祖深恩也라 詳悉詳悉하라.

만일 배우는 사람이 이 법(경절문)을 믿으면 비록 금생에 철저한 깨침을 얻지 못하여도 목숨을 마칠 때에 악업에 끄달리지 않고 바로 보리의 바른 길에 들어가게 될 것이다. 옛날 마조가 한 번 소리치자 백장이 귀먹었고 황벽이 혀를 내둘렀으니, 이것이 임제종의 연원이다. 그대(사명)는 반드시 정맥을 가려서 종안이 분명할 것이므로 이렇게 누누히 말하는 것이니, 뒷날 이 노승의 말을 저버리지 말라. 만일에 노승의 말을 저버리면 반드시 부처님과 조사의 깊은 은혜를 저버리는 것이 될 것이니, 자세히 살피고 자세히 살펴야 한다.

임제 사할(臨濟 四喝)《임제록(臨濟錄)》

師問僧, 有時一喝 如金剛王寶劍, 有時一喝, 如踞地金毛獅子, 有時一喝 如探竿影草, 有時一喝 不作一喝用. 汝作麼生會. 僧擬議 師便喝.

임제 선사가 어떤 스님에게 물었다. 어떤 때의 할은 금강왕의 보배검[일체 번뇌와 분별을 베어버리는 할]과 같고, 어떤 때의 할은 땅에 웅크리고 앉은 금빛 털 사자[하열한 근기가 수승한 사람을 시험하려 덤빌 때 사자와 같은 위엄을 갖추고 내지르는 할]와 같으며, 어떤 때의 할은 물고기를 꾀어 들이는 어구(漁具)[물고기를 유인하는 것과 같이 서로의 역량을 시험하는 할]와 같고, 어떤 때의 할은 할의 작용을 하지 않는다. [앞의 세 할을 모두 수용하지만 어느 일정한 할에도 한정되지 않는 향상(向上)의 일할(一喝)] 그대는 어떻게 생각하는고? 스님이 머뭇머뭇거리자 임제 선사가 바로 할을 했다.

추사 김정희의 휘호 "백벽(百蘗)"
'白門宗趣 擧揚大機大用 以此二字 書付雪竇上人, 勝蓮'

염송 拈頌

汾陽昭가 頌하되 每因無事侍師前이러니 師指繩床角上懸이라 擧放却 歸本位立하니 分明一喝이 至今傳이라. [此本에 百丈이 再叅侍立次 祖 以目祖禪床角拂子어늘 丈曰 卽此用가 離此用가한대 祖曰 你向後開 兩片皮하야 將何爲人고하거늘 丈取拂子竪起한대 祖曰 卽此用가 離此 用가하니 丈이 掛拂子於舊處어늘 祖振威一喝하다]

분양소가 송하였다. 언제나 일없어도 스승 앞에서 모셨는데 스승은 승상 끝에 걸린 것을 가리켰네. 들었던 것 내려놓고 본래 자리에 돌아가 섰더니 분명한 일할이 지금까지 전하도다. [이 판본에는 다음과 같이 되어 있다. 백장이 다시 뵙고 모시고 서 있던 차제에 마조가 눈으로 선상 모서리에 걸려있는 불자를 가리켰다. 백장이 말했다. "즉해서 씁니까, 여의고 씁니까?" 마조가 말했다. "너는 훗날 두 조각 가죽(입)을 놀리면서 무엇으로 사람들을 위하겠는가?" 백장이 불자를 잡아 세우니 마조가 말했다. "즉해서 쓰는가, 여의고 쓰는가?" 백장이 불자를 제자리에 거니 마조가 위세를 떨치며 한 번 할을 했다.]

大覺璉이 頌하되 叩羽鳴商觸處通하니 師資交互現宗風이라 振威一喝 霜飇起하니 任是昭文也不聰이로다.

대각련이 송하였다. 우(羽)를 튀기고 상(商)을 울려 어디에도 통하니 스승과 제자가 번갈아 종풍을 드러내네. 위세를 떨치며 한 차례 할을 하여 서릿바람 일어나니 소문(昭文)[119]도 그로 인해 귀가 밝지 못하도다.

薦福逸이 頌하되 大寂雄峯再會時에 相將行處草離離라 迴頭一喝乾坤黯하니 兩耳都聾摠不知로다.

천복일이 송하였다. 대적과 웅봉[120]이 다시 만났을 때 나란히 거니는 곳에 풀이 무성했네. 머리 돌려 한 번 할을 하자 천지가 캄캄하니 두 귀가 모두 먹어 전혀 알지 못하네.

蔣山泉이 頌하되 放收誰道沒警訛오 漏洩機關見也麼아 一喝如雷聞者喪이라 耳聾三日이 未爲多니라.

장산천이 송하였다. 놓았다 거두었다 함을 누가 속임수 없다 말하리. 기밀을 누설하는 것 보기는 했는가? 일할이 우레 같아 듣는 이는 죽으니 3일 동안 귀먹은 것 많은 것이 못 되리.

---

119) 소문(昭文): 거문고를 타는데 신기에 가까운 솜씨를 지녔었다. 그런데 어느 날 불현듯 깨달은 바가 있어 더 이상 거문고를 타지 않았다. 인위적으로 내는 소리에는 한계가 있으므로 거문고를 타지 않고 가만히 있으면서 오음(五音) 전체에서 울려 나오는 화음을 감상했다고 한다. 기량이 매우 뛰어날 때 '소씨고금(昭氏鼓琴)'이란 표현을 쓴다.

120) 대적(大寂)은 헌종 황제가 내린 마조의 시호이고, 웅봉(雄峰)은 강서성 봉신현 파양호 부근의 백장산 대웅봉으로 백장을 가리킨다.

海印信이 頌하되 一喝叢林辨者稀어늘 耳聾今古强針錐로다 燈籠撫掌
呵呵笑하고 露柱低頭却皺眉로다.

해인신이 송하였다. 일할에 대해 총림에서 가릴 자 드물거늘 귀먹은 일 고금에 억지로 파고드네. 등롱은 손뼉치며 깔깔 웃는데 노주는 머리 숙여 눈썹을 찡그리네.

眞淨文이 頌하되 客情步步隨人轉이라 有大威光不能現이로다 突然一喝雙耳聾하니 那吒眼開黃蘗面이로다.

진정문이 송하였다. 나그네 마음 걸음마다 사람 따라 움직이니 큰 위광 있더라도 나타낼 수 없어라. 돌연한 일할에 두 귀마저 먹었으니 나타[121]의 눈이 황벽의 얼굴에 열렸네.

保寧勇이 頌하되 木馬蹋殺閻浮人하고 泥龍飮竭滄溟水라 霹靂滿空山岳摧하니 看看平地波濤起로다.

보녕용이 송하였다. 나무 말이 염부제 사람들 다 밟아 죽이고 진흙 용이 바닷물을 마셔서 말렸네. 벽력이 하늘 가득 산천이 흔들리니 평지에 파도가 일어남을 보고 또 보아라.

東林揔이 頌하되 未明大智再叅尋하야 相逐相隨用不任이라 斷浪截流

---

121) 나타(那吒): 나타는 비사문천왕의 셋째 아들로 삼두구안육비(三頭九眼六臂)의 호법신이다.

全體現하니 一聲三日孰知音고.

동림총이 송하였다. 큰 지혜 밝히지 못하고 재참하러 왔는데 서로 쫓고 서로 따랐으나 대용(大用)은 감당 못했도다. 파도 끊고 흐름 잘라 전체가 드러나니 3일 동안 귀먹은 일 누가 음을 알았던고?

上方益이 頌하되 雨霽遊雲尙未歸하야 晴空忽地一聲雷라 嶺梅已得春消息하니 不比山桃一例開로다.

상방익이 송하였다. 비 개어도 구름 놀아 아직 돌아가지 못했는데 맑은 하늘에서 홀연히 한 소리의 벽력이라. 산봉우리 매화에 이미 봄소식 얻었으니 산도화(山桃花) 일시에 피는 것과는 견줄 수가 없도다.

佛印淸이 頌하되 馬祖親傳古佛心하니 大雄懷海是知音이니라 當時一喝聲三日하니 無見無聞直至今이로다.

불인청이 송하였다. 마조가 친히 고불의 마음 전하니 대웅산(백장) 회해가 바로 지음이로다. 당시의 일할에 3일 귀가 먹었으니 본 것 없고 들은 것 없이 지금에 이르렀네.

崇勝珙이 頌하되 一喝翻令三日聾하니 相逢誰識大家公고 春陽雖有無私力이나 花臉寧敎取次紅고 取次紅이여 謝三不是釣魚翁이니라.

숭승공이 송하였다. 일할에 도리어 3일 동안 귀먹으니 만났을 때 뉘라서 대가(大家)의 공(公)을 알리. 봄볕은 비록 사사로운 힘은 없다지만 꽃시울은 어찌 차츰 붉어지는

가, 점차 붉어짐이여! 사씨(謝氏)의 셋째가 낚시꾼이 아니라네.[122]

佛眼遠이 頌하되 掛拂遭呵耳便聾하니 衲僧奚若驗宗風고 金剛腦後抽生鐵하니 華岳三峯倒卓空이로다.
又頌하되 家肥生孝子하고 國覇有謀臣이라 拳頭劈口搥하니 未到無兒孫이로다. [此頌黃蘗吐舌이라]

불안원이 송하였다. 불자를 걸고 꾸지람을 받아 귀가 문득 먹으니 납승이 어찌 종풍을 시험한 것과 같겠는가. 금강의 뒤통수에서 생철을 뽑아내니 화악의 세 봉우리 허공에 거꾸러졌네.
또 송하였다. 집안이 부유하니 효자가 나고 나라가 부강하니 충신이 있도다. 주먹으로 입을 열자마자 때렸으니 후손이 없어지는 데까지 이르진 않았구나. [이는 황벽이 혀를 내민 것을 송한 것이다.]

慈受가 頌하되 父子相逢臭味同하니 龍泉寶劍再磨礱이라 要明馬祖當年喝인댄 大地山河盡耳聾이니라.

자수가 송하였다. 부자가 서로 만나 향기와 맛이 같으니 용천 보검을 다시금 갈았구나. 마조 당시의 할을 밝히고자 한다면 산하대지 전체가 귀를 먹겠도다.

---

122) 현사 사비 선사는 사씨(謝氏)집안의 셋째 아들이었고 출가 전에 낚시꾼이었으므로 사삼랑(謝三郞)과 조어옹(釣魚翁) 등의 별명이 있었다. 《증도가》의 남명송(南明頌)에는 '사삼본시조어옹(謝三本是釣魚翁)'이란 구절이 있다.

蔣山勤이 頌하되 立拂掛拂이여 全機出沒이요 卽此離此여 譁若畵一이라 頂門當下轟霹靂하니 鍼出膏肓必死疾이로다 承當一喝聾三日이여 師子神威恣返擲하니 百鍊眞金須失色하리라 復云하되 有麼아 有麼아 咄이라하다.

장산근이 송하였다. 불자를 세웠다 걸었다 함이여, 온 기틀이 출몰하도다. 이를 즉할까 이를 여읠까 함이여, 담론이 한 획을 그은 듯 (분명)하도다. 정수리에 당장 벽력을 울리니 고황에 든 죽을병을 침으로 뽑아내네. 받아들여 감당하자 일할에 3일 동안 귀가 먹음이여, 사자의 신묘한 위엄으로 제멋대로 되던지니 백 번 단련된 순금도 빛을 잃게 되리다. 다시 말하였다. "있는가, 있는가? 쯧쯧!"

雲門杲가 頌하되 馬駒喝下喪家風하니 四海從玆信息通이로다 烈火燄中撈得月하야 巍巍獨坐大雄峯이로다.

운문고가 송하였다. 망아지의 일할 아래 가풍을 잃고, 사해가 이로부터 소식이 통하였도다. 열화와 같은 불길 속에서 달을 건져 얻으니, 높고 높이 홀로 앉은 대웅봉이로다.

竹庵珪가 頌하되 江西一喝動乾坤하니 大用全機是滅門이라 三日耳聾風過樹하야 累他黃蘗喪兒孫이라.

죽암규가 송하였다. 강서의 일할에 천지가 진동하니 대용(大用)과 대기(大機)[123]가 가문

---

123) 대기대용(大機大用): ① 대기(大機)는 대근기(大根機) 대기근(大機根)으로 쓰이는데 대승의 기근(機根)을 가리킨다. 즉 대승법을 수지하고 신념이 견고하여, 수행력으로 보살승에 이를 수 있는 근기의 부류이다. (又作大根機·大機根. 指大乘之機根. 卽受持大乘法, 信念堅固, 以修行力可至菩薩乘

을 망쳤도다. 삼일 동안 귀가 멀어 바람이 나무를 지나가니 저 황벽에게 누를 끼쳐 후손을 상하게 했도다.

白雲昺이 頌하되 大機大用不虛傳이요 掛拂遭呵豈偶然가 打破畫瓶歸去後에 從教千古黑漫漫이로다.

백운병이 송하였다. 대기대용(大機大用)이 헛되이 전해지지 않았으니, 불자 걸고 욕먹은 일 어찌 우연이겠는가? 화병[124]을 깨뜨리고 돌아간 후에는 천고가 지나도록 캄캄하고 아득하도.

心聞賁이 頌하되 龍帶晚煙歸洞府하고 鴈拖秋色過衡陽이라 不堪迴首關山路에 木落猿啼正斷腸이로다.

심문분이 송하였다. 용은 저녁노을을 몰고 동부(洞府)[125]로 돌아가고, 기러기는 가을빛을 끌고 형양[126]을 지나가네. 머리 못 돌리는 관산[127] 길에는 나뭇잎 지고 원숭이 울

之機類) ② 선림용어로 또 대기용, 대기대용으로 쓰이는데 뜻은 모두 지극히 큰 작용을 가리키며, '격외현기(格外玄機, 격외의 현묘한 기틀)'와 같은 뜻이다. 그런데 '대기대용(大機大用)'은 낱말을 나누면 '대기(大機)'와 '대용(大用)'으로 되니, 두 가지의 뜻은 다르게 된다. 대기(大機)는 종지를 분명하게 보이는 경지이고, 대용(大用)은 학인들을 맞아들여 교화하는 방법이다. (禪林用語. 又作大機用·大機大用. 意指具有極大之作用. 與〈格外玄機〉同義. 然若將〈大機大用〉一詞析爲大機·大用, 則二者之意義有別, 大機明示宗旨之境界, 大用則是接化學人之方法.)《불광대사전》참조.

124) 화병(畫瓶): 분별이 무너짐을 의미함. 난리만 나면 그림의 병속에 들어가서 피했다는 고사가 있다.
125) 동부(洞府): 도교에서 신선이 거주하는 장소를 말한다.
126) 형양(衡陽): 호남성 지역의 부중심 도시로 정치, 경제, 군사, 문화의 중심지이다. 동정호(洞庭湖)의 남쪽이자 장사(長沙)의 서남쪽이다.
127) 관산(關山): 고향, 고향에 있는 산으로 관문(關門)과 산, 혹은 관산융마(關山戎馬)의 약자이다. 두보

어 애간장을 끊는구나.

大宋皇帝가 頌하되 牀頭一拂子가 擧放已皆非라 百丈은 何遲鈍고 一喝에 入精微로다.

대송 황제가 송하였다. 선상 위 불자 하나, 들거나 놓거나 이미 모두 틀렸도다. 백장은 얼마나 더디고 둔하기에 일할에 정미한 데로 들어가 버렸는가.

無盡居士가 頌하되 一聲喝倒大雄峯하니 二[三]日髑髏雙耳聾이라 黃檗纔聞驚吐舌하니 江西從此立家風이로다.

무진거사가 송하였다. 한 번 할의 소리에 대웅봉 무너뜨리고, 삼일 동안 해골은 두 귀가 먹었다네. 황벽은 듣자마자 놀라 혀를 내미니 강서엔 이로부터 가풍이 세워졌네.

本然居士가 頌하되 好一喝이여 似把千鈞弩機撥하야 直下承當也大難이라 萬里無雲見空闊하니 拂子拈來有殺活이로다.

본연거사가 송하였다. 좋구나 일할이여. 3천 근의 쇠뇌를 쏘는 것 같아서 당장에 알아듣기 참으로 어렵도다. 만 리에 구름 없는 공활한 하늘 보니 불자를 들어 올려 동시에 죽이고 살리도다.

의 시 〈등악양루〉에 나오는 구절을 사용했다.

悅齋居士가 頌하되 拂子偏他弄得奇하니 絲來線去少人知라 恰如秋
盡芙蓉老하고 橘綠根黃十月時로다.

열재거사가 송하였다. 불자로 지나치게 기교를 부리니 실이 얽히고설킨 줄 아는 이 드물구나. 가을이 다하여 연꽃은 시들고 귤은 퍼래지고 유자[128]는 누레지는 시월과 같도다.

潙山이 問仰山하되 百丈이 再參馬祖竪拂因緣에 此二尊宿意旨如何
오한대 仰山云하되 此是顯大機之用이니다하다 潙山云하되 馬祖出八十四
人善知識이라 幾人이 得大機며 幾人이 得大用고한대 仰山云하되 百丈이
得大機하고 黃蘗이 得大用이요 餘者盡是唱道之師니다하니 潙山云하되
如是如是라하다

위산이 앙산에게 물었다. "백장이 마조를 다시 참알했을 때 불자를 세운 인연이 있었으니 이 두 존숙의 뜻은 무엇인고?" 앙산이 말하였다. "이는 대기(大機)의 용(用)을 드러낸 것입니다." 위산이 말하였다. "마조께서 84인의 선지식을 배출했는데 몇 명이 대기(大機)를 얻었고 몇 명이 대용(大用)을 얻었는가?" 앙산이 말하였다. "백장이 대기(大機)를 얻었고 황벽이 대용(大用)을 얻었습니다. 나머지는 모두 창도사(唱導師)에 불과합니다.[129]" 위산이 말하였다. "옳고 옳다."

※ '백장대기(百丈大機) 황벽대용(黃蘗大用)'이란 말은 위산과 앙산의 이 대화에서 비롯되었음.

---

128) 원문의 '根'(문설주 정)은 '橙'(등자나무 등)으로 보는 것이 좋을 듯하다. 두 글자의 초서가 비슷하여 필사한 판본을 옮기면서 오류가 생긴 것으로 보인다. 중국어에서 '등자(橙子)'는 유자나 오렌지를 지칭한다.
129) 《염송설화》에서는 창두(唱道)가 아니라 창도(唱導)로 바꿔야 한다고 했다.(당작도當作導) '창도'라는 말은 교법을 먼저 주창하여 사람들을 불도에 인도함을 의미한다. '창도사'는 설법할 때 대중들 중에 첫 자리에 앉은 이가 경의 한 구절을 먼저 크게 외워 대중에게 알려 주게 하고 그에 따라 법사가

雪竇顯이 拈하되 奇恠라 諸禪德아 如今에 列其派者는 甚多하되 究其源者는 極少로다 惣道하되 百丈이 於喝下大悟라하니 還端的也無아 然이나 刁刀相似하고 魚魯參差로다 若是明眼漢인댄 謾他一點不得이니라 只如馬祖道하되 你他後開兩片皮하야 將何爲人고하야 百丈이 竪起拂子하니 爲復如蟲禦木가 爲復啐啄同時아 諸人은 要會三日耳聾麽아 大冶精金은 應無變色이니라하다

설두현이 염하였다. "기괴하구나. 여러 선덕이여. 지금 그 분파를 늘어놓는 이는 매우 많으나 그 근원을 궁구하는 이는 극히 적도다. 모두들 말하되 백장이 일할에서 대오했다고 하지만 딱 들어맞는가? 아닌가? 하지만 바라 조(刁)자와 칼 도(刀)자가 비슷하고, 물고기 어(魚)자와 노나라 노(魯)자가 섞이기 쉽다. 만일 눈 밝은 이라면 한 점도 속이지 못하리라. 다만 마조가 '그대는 훗날 두 조각의 가죽을 열 때에 무엇으로 중생을 위하겠는가?'라고 말하자 백장이 불자를 세웠던 것이 벌레가 나뭇잎을 파먹다 우연히 글자를 이룬 격인가[130], 아니면 안팎에서 동시에 알을 쪼는 격인가? 여러분들은 3일 동안 귀가 먹은 뜻을 알고자 하는가? 큰 대장간에서 정밀하게 단련한 금은 색이 변하지 않는 법이니라."

汾州昭가 拈하되 悟去便休得이어늘 說什麽三日耳聾고하다.

분주소[131]가 염하였다. "깨달아버렸으면 그만이지, 사흘 동안 귀가 먹었다는 것은 말

설법을 하는데, 이 때 맨 먼저 경을 외우는 사람을 창도사라고 한다. 위산이 나머지는 창도사에 불과하다고 한 것은 대기와 대용을 얻은 제자들에 비해 크게 부족하다고 평가한 것이다.

130) 원문에는 '여충어목(如蟲禦木)'으로 되어 있지만, '여충어목(如蟲禦木) 우이성문(偶爾成文)'의 줄임이다.
131) 분주소(汾州昭) = 분양 선소(汾陽 善昭, 847-1024), 태원 사람으로 도량과 식견이 넓고 깊어 겉치

해 무엇하는고?

石門聰이 云하되 若不三日耳聾이면 何得悟去리오 汾州가 聞云하되 我與麽道가 較他石門半月程이로다하다.

석문총¹³²⁾이 말하였다. "만약 3일 동안 귀가 먹지 않았다면 어떻게 깨달았으리오" 분주소가 (석문총이 한 말을) 듣고 말했다. "내가 이렇게 말한 것이 저 석문과 비교해 보니 보름은 더 가야 할 여정이로다.

東林惣이 擧此話에 連擧汾州石門拈하고 師云하되 當言에 不避截舌이요 當爐에 不避火迸이라 佛法이 豈可曲順人情이리오 東林이 今日向驪龍窟內하야 爭珠去也리라 百丈은 不無他三日耳聾이어니와 汾州石門이 爭免箇二俱瞎漢이리오 只這三箇老가 還曾悟也無아하고 良久云하되 祖禰不了하야 殃及兒孫이로다하다.

동림총이 이 이야기를 듣고, 연이어 분주와 석문의 염을 들어 말하였다. "말을 하려면 혀 끊

레가 없고 큰 뜻을 품어 무슨 글이든 스승에게 배우지 않고도 저절로 통달했다고 한다. 어려서 부모를 여의고 세상이 싫어져 출가하였는데 명망 높은 선지식 70여 분을 찾아뵙고 그들 가풍의 묘한 종지를 모두 터득했다 한다. 가는 곳마다 오래 머물지 않고 산수구경을 즐기지 않으니 세상 사람들은 그를 운치 없는 사람이라 비웃었다고 전한다. 하지만 그는 임제 의현-흥화 존장-남원 도옹-풍혈 연소-수산 성념의 법을 이은 임제종의 정통 선사이고, 그의 법은 자명 초원-양기 방회-백운 수단-오조 법연-원오 극근-대혜 종고로 이어졌다.

132) 서문 온총(石門 蘊聰, 964-1032), 곡은산(谷隱山) 석문사(石門寺)에 주석했기 때문에 곡은 온총(谷隱 蘊聰)이라고도 한다. 수산 성념(首山省念) 선사의 법을 이었으며 분양 선소와는 사형제 사이이다.

길 것을 피하지 말고, 화롯불을 쪼이려면 불똥 튀는 것을 피하지 말아야 한다. 불법이 어찌 인정에 끌릴 수 있겠는가? 나 동림이 오늘 이룡굴에 들어가서 여의주를 다투려고 한다. 백장은 3일 동안 귀먹은 일이 없지 않았거니와 분주나 석문은 어찌 모두 두 눈먼 인간을 면하리오. 도대체 이 세 노장이 일찍이 깨닫기나 하였던가?" 양구했다가 말하였다. "조상이 변변치 못하여 재앙이 자손에게 미쳤도다."

長蘆賾이 擧此話云하되 這个公案이 流布來多時也나 唯黃蘗仰山이 深相委悉이로다 山僧이 不避譏嫌하고 試爲斷看하리라 當時에 百丈이 竪起拂子하니 只得馬祖大機요 却掛拂子於舊處하니 不得馬祖大用이로다 要會馬祖一喝麼아 非但殺人刀라 亦乃活人劍이니라 要會三日耳聾麼아 只知馬祖放行이요 不知馬祖把定이로다.

장로색[133]이 이 이야기를 들어 말하였다. 이 공안이 퍼진 지 오래되었건만 오직 황벽과 앙산만이 깊이 다 알았도다. 내가 비난을 피하지 않고 판단해 보이리라. 당시에 백장이 불자를 세웠으니 다만 마조의 대기(大機)만을 얻었고, 불자를 제자리에 걸었으니 마조의 대용(大用)은 얻지 못하였다. 마조의 일할을 알고자 하는가? 사람을 죽이는 칼일 뿐만 아니라 또한 사람을 살리는 칼이기도 하니라. 3일 동안 귀먹은 뜻을 알고자 하는가? 다만 마조의 방행(放行)만을 알았고 마조의 파정(把定)은 알지 못했느니라.

---

133) 장로 종색(長蘆 宗賾, 1009-1092): 자각 종색(慈覺 宗賾)으로 더 알려져 있다. 《좌선의》와 《선원청규》를 지은 운문종 계통의 선사이다.

天童覺이 小条에 僧問馬祖一喝에 百丈三日耳聾은 作麼生고한대 師云하되 聲在耳處하고 耳在聲中이니라하다 僧云하되 可謂塵根脫落에 消息平沈去也니다하니 師云하되 切莫强針錐하라하고 師又云하되 只如馬祖一喝이 還分外着得事麼아 還分外有造道理處麼아 若也个時 承當不下런들 草草地에 又是業識流注요 若是坐得斷斡得開인댄 一絲一糝을 立不得이어니 喚什麼再条馬祖오 其間에 毫髮不容이니 若分外着得些子하면 不喚作三日耳聾이니라 不見가 雪竇道하되 大冶精金은 應無變色이라하니라 而今에 有般漢이 體不到見不徹하고 使鈎使錐하며 作道作理하야 埋沒自己하고 帶累先宗이로다 若是洗不淨潔하고 脫不了當인댄 又向這裏添一重去라도 也喚作泥裏洗土塊니라다.

천동각이 소참 때 어떤 스님이 "마조의 일할에 백장이 3일 동안 귀먹은 뜻이 무엇입니까?"라고 물은 것에 대해 대답하였다. "소리는 귀에 있고 귀는 소리 속에 있느니라." 스님이 말하였다. "그렇다면 육진(六塵)과 육근(六根)이 끊어져서 소식[134]이 두절되었다 할 만하겠습니다." 선사가 말하였다. "절대 억지로 뚫으려 하지 말라." 선사가 다시 말하였다. "마조의 일할 같은 경우에는 본분 밖에서 착안한 일인가? 아니면 본분 밖에서 도리를 지어낼 곳이 있는가? 만일 그 때에 받아들여 감당하지 못했더라면 당장에 다시 업식이 흘러갔을 것이요, 만일 앉아서 끊었거나 가려서 열었다면 한 올 한 톨도 세우지 못했을 것이거늘 무엇을 일러 마조를 재참했다 하겠는가? 그 사이에는 털끝만치도 용납되지 않나니 만일 본분 밖에서 조금이라도 착안했다면 3일 동안 귀먹었다는 말은 하지 않았으리라. 보지 못했는가? 설두가 '큰 대장간에서 정밀하

---

134) 소식(消息): 소장(消長), 증감(增減)의 변화를 말한다. 《역(易) 풍(豊)》에 "日中則昃, 月盈則食, 天地盈虛, 與時消息, 而況於人乎? 況於鬼神乎?"라고 하였다. 여기서의 '소식'은 천지 음양의 차고 비는 변화의 양상을 말한다.

게 단련한 금은 색이 변하지 않는 법이니라'고 하였느니라. 요즘 어떤 무리는 체험도 미치지 못하고 소견도 철저하지 못하면서 갈고리와 망치를 휘둘러 도리를 지어내어 자기도 매몰시키고 선대의 종사까지 잘못에 연루시킨다. 만일 씻어냄도 깨끗하지 못하고 벗어남도 온당하지 못하면서 다시 여기에 한 겹을 더 보탤지라도 역시 진흙 속에서 흙덩이를 씻는 격이라 하리라."

龍門新이 上堂云하되 雄峯孤頂에 信難通이러니 輕喝當機耳便聾이라 三日不知何處去오 今宵依舊播眞宗이로다 昔日百丈再叅에 [至]三日耳聾이라 後來雪竇道하되 奇恠라 諸禪德으로 [至]應無變色이라하니 師云하되 雲嵓이 今日路見不平하고 要問雪竇하노니 旣是大冶精金은 應無變色인댄 百丈이 爲什麼三日耳聾고 還會麼아 從前汗馬無人見하고 只要重論蓋大功이로다.

용문신이 상당하여 말하였다. "웅봉(雄峰: 백장)의 외로운 정상은 소식 통하기 어려우니, 가벼운 할에도 기틀을 당하는 이는 귀가 곧장 먹었도다. 삼일동안 어디로 가야할지 알지 못하더니, 오늘 저녁에는 예전처럼 진리를 전파하는구나. 지난 날 '백장이 마조를 재참하여 …… 삼일동안 귀가 먹었다'고 하였고, 뒤에 설두가 말하기를, '기괴하구나, 여러 선덕이여 …… 색이 변하지 않는 법이니라'고 하였다. 나 운암은 오늘 길에서 평탄하지 못함을 보았기에 설두에게 묻고자 한다. 이미 큰 대장간에서 정밀하게 단련한 금은 색이 변하지 않는 법인데 백장은 왜 삼일동안 귀가 먹었는가? 또한 알겠는가? 이전부터 땀 흘린 말은 보는 사람이 없고, 다만 큰 공신을 거듭 논하고자 하는구나.135)"

---

135) 여기에서 한마(汗馬)는 마조를 뜻한다. 마조의 노고는 사람들이 보지 않고 오직 삼일 동안 귀가 멀

佛眼遠이 上堂擧此話云하되 大衆아 說甚三日耳聾고 直得龍門이 打
皷上堂하고 大衆이 盡皆雲集이라 僧堂이 橫呑佛殿하고 露柱가 倒掛燈
籠이라 天高地厚하고 月白風淸이라 雨順風調하고 河淸海晏이라 飢則共
君餐苦菜하고 渴則與子飮寒泉이라 直饒天外雨花飛라도 爭似歸堂喫
茶去리오하다.

불안원이 상당하여 이 이야기를 들어 말하였다. "대중들아, 삼일동안 귀가 멀었다는 것은 무슨 말인가? 나 용문이 북을 울리고 당에 오르자 대중들이 모두 다 운집했다. 승당이 불전을 제멋대로 삼키고, 노주[136]가 등롱[137]을 거꾸로 걸었다. 하늘은 높고 땅은 두터우며, 달은 밝고 바람은 맑다. 비는 때맞춰 오고 바람은 온화하게 불고, 강은 깨끗하고 바다는 편안하다. 배고프면 그대와 같이 쓴 나물을 먹고, 목마르면 그대와 함께 찬 샘물을 마신다. 비록 하늘 밖에서 꽃비가 휘날린다 하더라도 어찌 집에 돌아가 차를 마시는 것과 같으리오."

蔣山勤이 擧此話에 連擧汾州石門雪竇拈하고 師云하되 然則作家共
相提唱이 不妨各有爲人眼이나 要且只明得馬祖百丈大機요 未明馬
祖百丈大用이로다 不惜眉毛하고 露个消息하야 也要諸方檢責하노라 還
知這一喝麽아 直似奮雷霹靂하야 聽者喪膽亡魂이라 要會三日耳聾인
댄 正如擊塗毒皷하야 聞者喪身失命이니라하고 擧拂子云하되 或有个問

었다가 큰 깨달음을 얻은 백장의 공적만 중요하게 언급한다는 의미이다. 마조라는 큰 대장간에서 일할의 단련을 받고서 백장이 진정한 순금이 된 것임을 설파하고 있다.

※ 수차례 선문염송 강의에서 거꾸로 생각히여 갈못 깅의했던 것을 수성하고 바로 잡는다.(문광)

136) 노주(露柱): 물전의 둥근 기둥으로 벽에 붙어있지 않고 서 있는 기둥이다.
137) 등롱(燈籠): 대나무, 나무, 돌, 금 등으로 만든 틀 안에 불을 켜는 것이다.

하되 卽此用가 離此用가하면 和聲便打하고 隨後與喝하리라하고 復云하되 還見馬祖百丈麼아하다.

장산근이 이 이야기를 듣고, 연이어 분주·석문·설두의 염을 들어 말하였다. "그렇다면 작가[138]들이 함께 서로 제창하는 것이 저마다 남을 위하는 안목이 있다 해도 무방하겠으나, 도리어 마조와 백장의 대기(大機)를 밝히기만 했고, 마조와 백장의 대용(大用)은 밝히지 못했음이라. (내가) 눈썹을 아끼지 않고[139] 한 소식 드러내어 제방(諸方)의 납자들에게 점검을 받으리라. 또한 이 일갈을 아는가? 마치 천둥 벼락이 퍼붓는 것 같아서 듣는 이가 모두 담이 떨어지고 혼이 나간다. 사흘 동안 귀가 멀어버린 뜻을 알고자 할진댄 마치 도독고[140]를 두드리는 것과 같아서 듣는 이는 몸을 상하고 목숨을 잃는다." 불자를 들고 말하였다. "어떤 이가 '이를 즉해서 쓰는가? 이를 여의고 쓰는가?'라고 묻는다면, 그 소리와 함께 바로 때리고는 뒤따라 할을 해주리라." 다시 물었다. "또한 마조와 백장을 보았는가?"

雲門杲가 秉拂하고 擧[至]黃蘗喪我兒孫하야 師云하되 百丈이 被喝하야 直得三日耳聾하고 黃蘗이 聞擧에 不覺吐舌하니 百丈이 疑其承嗣馬祖러니 後因臨濟 三度問佛法大意하야 三度打六十棒하고 便與三日耳聾出氣라 臨濟始覺如蒿枝拂相似하니라 敢問大衆하노니 旣是師承이

---

138) 작가(作家): 선의 달인인 선장(禪匠)을 나타내는 말.
139) 불석미모(不惜眉毛): 진리를 말로 하면 눈썹이 빠진다는 말이 있으므로 보잘것없는 견해를 담은 한마디일지라도 눈썹이 빠질 각오로 피력하겠다는 뜻이다. 말을 아끼지 않는다 혹은 부끄러움을 무릅쓴다는 의미로 결정적인 한마디를 할 때 겸손하게 이르는 상용구이다.
140) 도독고(塗毒鼓): 듣기만 하면 죽게 되는 독이 발린 북. 듣는 자의 번뇌를 모두 소멸시킨다는 비유로 《열반경(涅槃經)》에 나온다.

有據어늘 因什麽하야 用處不同고 會麽아 曹溪波浪如相似인댄 無限平人被陸沈하리라하다.

운문고가 불자를 들고 "황벽이 '우리 후손들을 죽이는 것입니다'라고 한 대목까지를 들어 말하였다. 백장(百丈)은 할을 당하여 당장 사흘 동안 귀가 먹었고, 황벽은 이야기를 듣고 자기도 모르게 혀를 쑥 내밀었다. 백장은 그가 마조의 법을 잇게 될까 했는데, 뒤에 임제(臨濟)가 불법의 대의를 세 번 물은 것으로 인하여 세 차례에 걸쳐 60방을 때려 곧장 사흘 동안 귀먹었던 기개를 토해내니,[141] 임제도 그제서야 비로소 황벽의 몽둥이가 쑥대로 만든 불자와 같음[142]을 깨달았던 것이다. 감히 여러분에게 묻노니, 스승과 제자가 서로 이어받은 곳이 같거늘 어찌하여 활용한 곳은 같지 않았던고? 알겠는가? 조계의 물결이 비슷했다면 평지의 무수한 사람들이 땅속에 파묻혔으리라."

白雲昺이 拈하되 馬祖一喝이 直出威音王已前이라 百丈雖則三日耳聾이나 要且只承當得一半이로다하다.

백운병이 염하였다. 마조의 일할이 위음왕불 이전으로 곧장 뛰어넘었다. 백장이 비록 3일 동안 귀가 먹었으나 반밖에 알아듣지 못했느니라.

---

141) 황벽이 백장의 법을 임제에게 이어주게 했다는 뜻이다.
142) 여호지불상사(如蒿枝拂相似): 이 구절은 임제의 말에 근거한다. 호지(蒿枝)는 바르게 인도하는 가르침의 수단을 나타낸다. "내가 황벽화상의 회상에 있을 때 세 차례 몽둥이맛을 보았는데, 마치 쑥대로 만든 불자(拂子)와 같았다. 오늘 다시 한 방 맛을 보고 싶은데 나를 위해 때려 줄 사람 누구인가?" 《景德傳燈錄》 권12, 〈臨濟義玄傳〉, "我於黃檗和尙處, 三度喫棒, 如蒿枝拂相似. 如今更思一頓喫, 誰爲我下得手?")

염송설화 拈頌說話

[再參] 仰山再參潙山者 住方後再參也 此則常在會中 所得法與昔不同 故曰再參也 例如佛重會普光也 叢林中商量此話云 馬祖竪起地毛毯毯地拂子也 即此至用者 即此拂子用 離此拂子用 即背觸關 祖掛至處者 背觸俱離也 師遂取拂子竪起 又掛拂子於舊處者 如水傳器講若畫一云云 此古今不易之論 愚以爲不然 何者 百丈當時 未明大事矣 才見馬祖竪起拂子 直以背觸關爲問 無有是處 又背觸關 具眼宗師受用 非行李邊事也 若也如水傳器 已透得關 更無後事 被一喝然後事畢 亦無有是處 請詳辨之 馬祖竪起地一條拂子也 然非離毛毯毯地外別討也 竪起則接待 來機即放行也 掛拂子則不待 來機即把定也 即此用離此用者 一本云 只這箇別更有在 則即此用 指竪起拂子處 離此用 指掛拂子處 良久者 說法須臾之間也 你已後至爲人者 末後爲人 曲折推徵也 師竪起拂子 又掛拂子者 雖未盡得馬祖意 如水專器 又非今日 方始學得也 若也今日學得 才見竪起拂子 便問即此用離此用 無有此理

聞野鴨子聲 被馬祖扭得鼻孔 遂有省 値陞座 出捲拜席 是呈似己見也 意謂無有衆生可度 陞座圖箇什麽也 祖下座歸方丈 問曰我適來未曾說法 你爲什麽捲却拜席 師曰被和上扭得鼻孔 祖曰你昨日向什麽處留心 師曰今日鼻孔又不痛 祖曰你深明今日事 師乃作禮云云 (백장이 마조를 처음 참

알했던 인연)

今日鼻頭又不痛者 意謂雖是本有 必借新熏也 各歸侍者寮 忽然哭 又
忽然笑者 昨日鼻頭痛故哭 今日鼻頭又不痛故笑 蓋今日本分俱備見處
不偏枯故也 是以才見馬祖竪起拂子 便道即此用離此用 若也無所得 爭
能伊麼 雖然如是 具體而微 未臻其極故 眞淨文云 客情步步 隨人轉有
大威光不能現 祖便喝者 這一喝 直在威音那畔 無文印子 一印印破也
一本云 振威一喝者 盡力提持也 三日耳聾者 前來所得 一一撲落 到此
體會末後曲折 深得馬祖意 仰山所謂百丈得大機 黃檗得大用 然非離竪
拂放行 掛拂把定 會得大機大用 即此把定放行而會得 古人云 末後句
爲君說 明暗雙雙地時節 蓋此義也 然則當初百丈 若於馬祖竪拂掛拂處
深得其意 把定放行外 圖箇什麼 百丈旣不能故 馬祖直得振威一喝 信
知斫却月中桂 淸光應更多 然則百丈黃檗 莫不親承馬祖一喝 何故 黃
檗云若承嗣馬祖 已後喪我兒孫 此無他 但明得大用故云耳 若不親承馬
祖一喝 何名大機大用 故百丈只得大機 更不要大用 黃檗只得大用 更
不要大機 有一般無巴鼻地道 大機中有大用 大用中有大機 若伊麼 何
曾夢見百丈黃檗 到這時節 古人只道得箇殺人刀活人劍

- 汾陽 擧放却歸本位立云云者 竪拂放拂 無下親承振威一喝也

- 眞淨 突然一喝至黃檗面者 黃檗得大用也

- 蔣山 師子神威資返擲者 得獅子返擲決也 百鍊眞金云云者 馬祖喝下
  百鍊眞金也 須失色有麼有麼者 如百丈子有麼也 咄者 設有也無用處
  潙仰問答話中 已引入唱道者 當作導敷唱法理開導羣生也

- 雪竇 如今列其派至極少者 下云大冶精金應無變色故 如是道得也

- 汾州 不立今日悟門

- 石門意 須借今日悟門也 我伊麽道云云者 石門却有長處故也

- 東林 汾州石門爭免云云者 今時本分摠是瞎漢也 只這三箇老還曾悟也無者 汾州石門并百丈 爲三箇祖禰不了 殃及兒孫者 祖百丈是不了故 殃及兒孫汾州石門也

- 長蘆意 大殺不顧條章

- 天童小叅文見

- 龍門 雄峯孤頂至播眞宗者 言百丈三日耳聾處也 從前汗馬云云者 因雪竇伊麽道 百丈三日耳聾之功 轉高

- 佛眼 龍門打皷至雲集者 當時事僧堂橫呑佛殿云云者 不思議也 天高地厚云云者 平常也 直饒云云者 希奇也 爭似歸堂云云者 平常本分事也 然則三日耳聾特地新條

- 蔣山 但明大用直截 大用直截 則更討什麽大機 雖是振威一喝 亦不越此也 和聲便打者 當即此離此盡力提持也 隨後與喝者 豈非馬祖地 還見馬祖云云者 向什麽處尋討

- 雲門 百丈被喝至三日耳聾者 得大機也 黃蘗不覺吐舌者 得大用也 百丈疑其承嗣馬祖者 恐黃蘗一向承嗣馬祖一喝也 後來黃蘗 打臨濟六十棒 是用大用 則與百丈出氣 臨濟云云者 臨濟示衆云 我於先師處云云 又打一棒 是蒿枝拂子也 然則馬祖百丈黃蘗臨濟 用處不同非如青原石頭子子孫係 只明得尊貴人邊事也 此則所謂雜貨鋪也 曹溪波浪云云者 千波萬浪盡皆不同 然俱是曹溪水也

- 白雲 但明得馬祖振威一喝也

7 남전참묘 南泉斬猫

《선문염송》 제7권 207. 참묘(斬猫)

古則
고칙

南泉이 一日에 因東西堂이 爭猫兒하야 師遂提起云하되 大衆아 道得則救取요 道不得하면 卽斬却也하리라하니 衆이 無對어늘 [法眞一이 代云하되 賊偸賊物이라하고 便與一掌하리라하다] 師斬爲兩段하다 復擧前話하야 問趙州한대 州便脫草鞋하야 於頭上戴出이어늘 師云하되 子若在런들 恰救得猫兒로다하다.

　　남전이 어느 날, 동당과 서당에서 고양이를 두고 싸우는 일로 인하여 선사가 (고양이를) 들고서 말하였다. "대중이여, 말을 하면 구해줄 것이요, 말을 하지 못하면 목을 베어 버릴 것이다." 대중은 대답이 없었다. [법진일(法眞一)이 대신 대답하기를, "'도적이 도적의 물건을 훔치는구나' 하고는 곧 뺨 한대를 때려주었어야 했다."라고 했다] 선사는 목을 베어 두 동강 내었다. 다시 앞의 말을 들어 조주에게 물으니 조주는 문득 짚신을 벗어서 머리에 이고 나가버렸다. 선사가 말하였다. "그대가 있었더라면 고양이를 구할 뻔 했구나."

염송 拈頌

雪竇顯이 頌하되 兩堂俱是杜禪和라 撥動煙塵不奈何로다 賴得南泉
能擧令하야 一刀兩段任偏頗로다 又頌하되 公案圓來問趙州하니 長安
城裏任閑遊라 草鞋頭戴無人會하니 歸到家山便即休로다.

설두현이 송하였다. 양당엔 모두 엉터리 선객들이라 연기와 먼지를 일으키고는 어찌할 줄 모르네. 다행히도 남전이 법령을 거행할 수 있음에 힘입어 단 칼에 두 동강내어 치우친 그대로 두었네.

또 송하였다. 공안이 원만해짐은 조주에게 물어서이니 장안의 성안에서 멋대로 한가히 노닐도다. 짚신 머리에 인 뜻 아는 이 없으니 고향에 돌아오자 곧장 쉬었노라.

大覺璉이 頌하되 兩堂五百苦相爭이어늘 王老一刀成兩截이라 趙州續
得再活時에 牙爪生獰似冰雪이로다.

대각련이 송하였다. 양당의 오백 명이 고통스레 싸웠거늘 왕노사가 단 칼에 두 동강을 내었네. 조주가 잇달아 다시 살렸을 때 이빨과 발톱이 빙설같이 사나웠노라.

投子靑이 頌하되 臨險推人事要知니 求材先自露針錐로다 釣魚盡說

諳風勢러니 及至風來波路迷로다 潦倒趙州雖好手나 鍾鳴齋後赴來
遲라 要知大像嘉州路인댄 鐵牛鎭斷陝關西니라.

투자청이 송하였다. 험한 일에 남을 밀어 넣으려면 알려야 할 일 있고 인재를 구하려면 먼저 스스로 송곳을 드러내 보여야 되리. 낚시꾼 모두가 바람의 기세 안다고 하나 바람이 불어오면 파도에 방향을 잃어버리네. 초라해진 조주가 비록 솜씨는 좋았으나 종 울리고 재(齋) 끝난 뒤 늦게야 도착했네. 큰 불상 있는 가주(嘉州)[143]의 길 알고자 하는가? 무쇠 소[144]가 섬부 관문의 서쪽에 진을 치고 막고 서 있네.

資壽捷이 頌하되 南泉斬後趙州救하니 師子窟中無異獸로다 西乾梵語
阿彌陁요 東震唐言無量壽로다.
[此錄云 南泉上堂에 有猫兒跳上法座어늘 泉提起示衆云하되 有人道
得하면 不斬하고 道不得하면 即斬하리라한대 首座作猫叫어늘 南泉이 便斬하다.]

자수첩이 송하였다. 남전이 벤 뒤에 조주가 구제하니 사자의 굴속에는 다른 짐승 없도다. 인도의 범어로는 아미타라 하는데 동쪽의 중국어로는 무량수라 하는구나.
[이 기록에는 남전이 상당하였는데 고양이가 법좌에 뛰어오르니 남전이 들어 올리며 대중에서 시중하기를 "한 마디 하면 목을 베지 않고 말하지 못하면 바로 베리라" 하니 어떤 수좌가 고양이 소리를 흉내내자 남전이 바로 베었다고 되어있다.]

---

143) 가주대상(嘉州大像): 중국 사천성의 낙산대불이다. 당나라 현종 때 해통(海通)이 세우기 시작하여 90년 만에 완성된 미륵불상으로 거대한 불상이다. 가수는 낙산의 옛 이름이다.
144) 섬부철우(陝府鐵牛): 중국 하남성에 있는 섬부에는 황하의 범람을 막기 위해 우왕이 만들었다는 전설상의 무쇠소가 있다.

天童覺이 頌하되 兩堂雲水盡分拏어늘 王老師能驗正邪라 利刀斬斷俱亡象하니 千古令人愛作家로다 此道未喪이요 知音可嘉라 鑿山透海兮여 唯尊大禹요 鍊石補天兮여 獨賢女媧로다 趙州老有生涯하니 草鞋頭戴較些些로다 異中來也還明鑒하니 秖箇眞金不混沙로다.

천동각이 송하였다. 양당의 운수납자 나뉘어 팽팽하니 왕노사가 능숙하게 정(正)과 사(邪)를 가렸네. 날카로운 칼로 베어 자취조차 없어지니 천고에 사람들로 하여금 작가(作家)를 사랑케 하네. 이 도가 아직 없어지지 않았으니 지음자가 대견스럽다. 산을 뚫고 바다로 물길을 터줌이여 오직 대우(大禹)의 존귀함이요, 돌을 단련하여 하늘을 보수함이여 유독 여와(女媧)만의 현명함이네. 조주 노장에게는 살림살이가 있어 짚신을 머리에 이니 약간 그럴듯했도다. 이류 중에서 왔어도 도리어 분명히 알았으니 순금은 모래와 섞이지 않음이로다.

保寧勇이 頌하되 雪刃含光射斗牛하니 不唯天地鬼神愁라 命根落在南泉手하니 直下看看兩段休로다.
又頌하되 狸奴頭上角重生하야 王老門前獨夜行이라 天曉不知何處去라 楚山無限謾崢嶸이로다.

보녕용이 송하였다. 싸늘한 칼날 머금은 빛줄기 두우성(斗牛星)[145]에 뻗치니 하늘과 땅뿐만 아니라 귀신도 시름하도다. 목숨이 남전의 손아귀에 떨어졌으니 바로 그 자리에서 머지않아 두 동강이 났도다.

---

145) 두우성(斗牛星): 28수 가운데 두수(斗宿, 北斗星)와 우수(牛宿, 牽牛星)를 합친 말이다. 이 두 별 사이에서 항상 자줏빛 기운이 비춘다고 하며 이것을 보검의 정기라고 한다. 그래서 두우는 보검을 가리키는 말로 쓰이고 칼날의 광채를 두우성과 연결시킨 것이다.

또 송하였다. 고양이 머리 위에 뿔이 거듭 생겨서 왕노사의 문 앞을 홀로 밤에 다니네. 날이 새니 어디로 갔는지 알 수가 없는데 초산(楚山)[146]만이 끝없이 드높음을 자랑하네.

東林惣이 頌하되 一刀兩段南泉令이여 當頭高着趙州關이로다 劈面若無宗正眼이런들 又隨流水落人間하리라.

동림총이 송하였다. 한 칼에 두 동강낸 남전의 법령이여, 당장에 높이 당도한 조주의 관문이로다. 마주 볼 때 종문의 바른 안목 없었다면 다시금 흐르는 물을 따라 인간계로 떨어졌으리.

雪溪益이 頌하되 東西兩畔盡田疇어늘 粒米抛來惣不收로다 可惜猫兒輕斬却이러니 至今老鼠鬧啾啾로다.
又頌하되 打破淮西赤脚歸하니 一天寒雪炤光輝라 凱歌不到胡兵耳하니 猶向軍前守信旗로다.

삽계익이 송하였다. 동과 서의 두 들이 모두가 논밭인데 쌀알을 뿌렸으나 전혀 거두지 못했네. 아깝게도 고양이를 경솔하게 벤 뒤로 지금껏 늙은 쥐가 시끄럽게 찍찍거리네.
또 송하였다. 회수의 서쪽 지방 쳐부수고 맨발로 돌아오니 하늘 가득 차디찬 눈 광채가 번쩍이네. 승리의 노래는 오랑캐 군대의 귀에 들리지 않으니 여전히 군문 앞

---

146) 초산(楚山): 호북성(湖北省) 서쪽에 위치한 산으로 형산(荊山)이라고도 한다. 춘추시대에 초나라의 변화(卞和)가 이곳에서 귀중한 옥돌을 얻은 것으로 유명하다.

에서 신호 깃발을 지키고 있네.

翠嵓宗이 頌하되 石裏藏金誰辨別고 游人但見蘚痕斑이라 却被石人窺得破하야 鐵舩載入洞庭山이로다.

취암종이 송하였다. 돌 속에 감춰진 금을 누가 가려낼꼬? 지나는 사람은 얼룩진 흔적으로만 볼 뿐. 홀연히 광부에 의해 간파당하다고 나서야 철선에 실려 동정산[147]으로 들어갔네.

崇勝珙이 頌하되 脫灑機鋒王老師어늘 兩堂何必競猫兒오 果然問處都無語하니 一斬如何未息疑오 趙老旣呈崖險事어늘 古錐依舊和羅槌로다 和羅槌여 打盡瓦兮鑽盡龜로다.

숭승공이 송하였다. 산뜻한 기봉의 왕노사이거늘 양당은 어째서 고양이를 다투었나. 과연 물은 곳에 도무지 답이 없으니 한 번 벨 때 어찌하여 의심 쉬지 못했는고? 조주 노장은 벼랑에서 위태한 일을 보였거늘 묵은 송곳은 여전히 화라퇴[148]를 치는구나. 화라퇴여! 기와를 다 깨뜨리고 거북 껍질 다 뚫었네.

---

147) 동정산(洞庭山): 동정호에 있는 섬의 하나로 진시황이 머물러 군산(君山)이라고도 한다. 신선의 거처로 알려져 금과 관련된 이야기가 많이 전한다. 오나라 손권이 지배할 때 사람들을 시켜 금을 캐도록 하던 중 금이 소로 변하여 산 위로 달아났는데 그 발자국이 남아 있다고 전한다. 선문헌에서는 상투적인 분별로 알 수 없는 경계를 나타내기 위하여 신선이 사는 동정호나 동정산으로 들어갔다는 표현을 사용한다.

148) 화라퇴(和羅槌): '라(羅)'는 '라(囉)'와 통한다. 걸식을 하기 위하여 노래를 부를 때 두드리던 판때기를 말한다. 노고추와 같은 조주는 간단한 수단에 의지했을 뿐이라는 말이다.

佛眼遠이 頌하되 五色狸奴盡力爭이러니 及乎按劍盡生盲이라 分身兩處重相爲하니 直得悲風動地生이로다.

又頌하되 安國安家不在兵이라 魯連一箭亦多情이라 三千劍客今何在오 獨許莊周致大平이로다.

불안원이 송하였다. 오색의 고양이를 두고 있는 힘껏 다투더니 칼 빼어 들고 보니 모두가 타고난 맹인일세. 두 곳에 몸을 나누어 거듭 위해 주니 자비의 바람이 대지를 흔들며 일어났다네.

또 송하였다. 나라와 집안의 평안함은 병력에 달려있지 않으니 노중련[149]의 화살 한 발 또한 다정했다네. 3천 명의 검객은 지금 어디에 있는고? 오직 장주(莊周)[150]만이 태평을 이룩했다 하리라.

白雲昺이 頌하되 王老能吹無孔笛하고 趙州善撫沒絃琴이라 誼轟曲調憑誰聽고 露柱燈籠笑轉深이로다.

백운병이 송하였다. 왕노사는 구멍 없는 피리를 불고 조주 선사는 줄 없는 거문고를 탄다. 시끄럽게 울리는 곡조는 누가 있어 듣는가? 노주와 등롱은 웃음이 더욱 깊어

---

149) 노련(魯連): 제(齊)나라 출신의 절의와 기개가 높았던 은사(隱士) 노중련(魯仲連)을 말한다. 연(燕)나라가 제나라를 공격하자 제나라는 전단(田單)을 시켜 빼앗긴 성을 되찾게 했다. 대부분의 성을 되찾았으나 요성(聊城)만은 1년여가 지나도록 굴복시키지 못했다. 이 때 기용된 노중련은 화살에 편지를 묶어 연나라 장수를 회유하는 글을 보냈는데, 연나라 장수는 3일 동안 고심한 끝에 자결하고 말았다고 한다. 《사기열전(史記列傳)》〈노중련추양열전(魯仲連鄒陽列傳)〉에 보인다.

150) 《장자(莊子)》〈열검(說劍)〉에 나오는 이야기에 기초한다. 칼을 좋아했던 조나라 문왕 밑으로 3천 검객이 몰려들어 밤낮을 가리지 않고 칼싸움을 하여 나라가 위태로운 지경에 처해 있었다. 그 때 장자가 천자의 칼과 제후의 칼과 서민의 칼 등 세 종류의 칼에 대해 설명했는데 그 말을 듣고 문왕은 석 달 동안 궁전 밖을 나가지 않고 검객들은 모두 자결했다고 한다.

지도다.

無盡居士가 頌하되 南泉凛凛握機權하고 一物全提問兩邊이라 諗子脫鞋頭上戴하니 猫兒生死更茫然이로다.

무진거사가 송하였다. 남전이 늠름하게 기권을 잡고 한 물건 전체를 들고 양쪽으로 물었네. 조주가 신을 벗어 머리에 이니 고양이의 생사는 더욱 망연하도다.

本然居士가 頌하되 已展不縮便斬却이러니 父子相逢救得活이로다 可憐門外有遊人이여 秪解依模畫渾脫이라 一種弄魂精이라 髑髏努眼睛이로다.

본연거사가 송하였다. 이미 편 것 오므리지 않고 문득 베어버리니 부자가 만나서 다시 살려냈구나. 애석하다 문 밖에 노니는 사람들. 단지 본을 따라 그릴 줄만 알고 있도다. 한 가닥 요정을 희롱하는 짓이라 해골이 눈알을 부릅뜨고 흘겨보도다.

混成子가 頌하되 風力所轉共平出이어늘 猫兒斬斷還成屈이로다 祖師今古作標儀하니 賣扇老婆手遮日이로다.

혼성자가 송하였다. 바람의 힘으로 움직인 것 공평하게 나타내었거늘 고양이를 벤 것이 도리어 굴욕이 되었도다. 조사는 고금의 본보기가 되었거늘 부채 파는 노파는 손으로 해를 가리네.

悅齋居士가 頌하되 提起分明斬處親이라 落花飛絮撲行人이로다 草鞋頭上出門去하니 四月圓荷葉葉新이로다.

열재거사가 송하였다. 들어 올릴 것은 분명하고 벤 자리는 친절한데 지는 꽃과 날리는 버들개지 행인을 때리도다. 짚신을 머리에 이고 문 밖을 나가니 4월의 둥근 연잎, 잎새마다 새롭구나.

保福展이 拈하되 雖然如是나 也即是破草鞋로다.

보복전이 염하였다. 비록 그렇기는 하나 짚신이 해지겠구나.

翠嵓芝가 拈하되 大小趙州가 秖可自救로다.

취암지가 염하였다. 알량한 조주가 겨우 자기만을 구제했구나.

大洪恩이 拈하되 猫兒救得何用이리오 却須救取南泉趙州니라 乃擧手作捏勢云하되 南泉趙州性命이 摠在這裏라 若放過則無可不可어니와 若不放過하면 不消一捏이로다하고 拍一拍하다.

대홍은이 염하였다. "고양이를 구제해서 무엇하려는고? 남전과 조주를 구제했어야 하리라." 그리고는 손을 들어 잡는 시늉을 하면서 말하였다. "남전과 조주의 생명이 모두 여기에 있도다. 만일 놓아주면 옳음도 옳지 않음도 없거니와 만일 놓아주지 않는다면 한 번 잡을 필요도 없느니라." 그리고 손뼉을 한 번 쳤다.

眞淨文이 上堂云하되 南泉斬猫兒와 與歸宗斬虵를 叢林中商量하니 還有優劣也無아 優劣은 且止하고 只如趙州戴鞋鞋出去는 又作麽生고 若也於此明得인댄 德山呵佛罵祖가 有什麽過며 於此不明이면 丹霞燒木佛에 院主眉鬚落하리라 所以로 禍福無門이어늘 唯人自召로다하고 喝一喝하다

진정문이 상당하여 말하였다. 남전이 고양이를 벤 일과 귀종이 뱀을 벤 일을 총림에서 헤아리는데 여기에 우열이 있는가 없는가? 우열은 그만두고 저 조주가 신을 이고 나간 것은 어찌하겠는고? 만일 여기서 밝힌다면 덕산이 부처를 꾸짖고 조사를 욕한 것이 무슨 허물이 되겠는가? 만일 여기에서 밝히지 못한다면 단하가 나무 불상을 태울 때에 원주의 눈썹이 떨어지듯 하리라. 그러므로 '재앙과 복은 문이 없거늘 사람이 스스로 부를 뿐이라' 하였느니라. 그리고 한 번 할을 하였다.

翠嵓機가 上堂擧此話云하되 南泉老人의 一期方便이 大似憐兒不覺醜로다 世情은 看冷暖이요 人意는 逐高低라 前似銀山鐵壁하야 進而無門하며 退而無路하고 背後合水和泥하야 一場狼藉라 殊不知千古之下에 與後人作笑端이로다 若是翠岩인댄 卽不然하리라 直饒兩隻履를 戴頭上出去라도 也須斬却하리라 何故오 當斷不斷이면 返招其亂하리라 敢問諸人하노니 祇如今日一場公案을 作麽生商量고 若也商量得出하면 昔日南泉이 今朝猶在요 若商量不得인댄 翠嵓이 今日에 略露鋒規하리니 諸人은 諦聽하라하고 良久云하되 靑山祇解磨今古어니와 流水何曾洗是非리오하다

취암기가 상당하여 말하였다. 남전 노인의 일시적인 방편이 마치 어린 아기를 귀여워하다가 추해지는 줄 모르는 것 같다. 세상 인정은 차고 더움을 살피고 사람들의 뜻

은 높고 낮음을 좇는다. 앞은 은산철벽 같아서 나아가자니 문이 없고 물러서자니 길이 없다. 등 뒤는 진창이라 한바탕 어지러운데 천고가 지난 뒷날에 뒷사람들에게 웃음거리가 될 줄은 전혀 몰랐다. 만일 나 취암이라면 그렇지 않으리니 설사 신 두 짝을 다 머리에 이고 나갔을지라도 베어버렸어야 했다. 무슨 까닭인가? 끊어야 할 것을 끊지 않으면 도리어 재앙을 부르기 때문이다. 감히 여러분에게 묻노니 오늘의 한 바탕 공안을 어떻게 생각하는고? 만일 바로 헤아려 낸다면 옛날의 남전이 오늘에도 여전히 있겠지만 만일 헤아려 내지 못한다면 내가 오늘 실마리를 약간 드러내 보이리니 여러분은 자세히 들어라. 그리고 양구했다가 말하였다. 청산이 다만 고금을 연마할 줄은 알거니와 흐르는 물이 어찌 일찍이 시비를 씻었겠는가?

翠嵓宗이 拈하되 要識南泉活計麼아 只這死猫兒是니라 要識趙州活計麼아 只這破草鞋是니라 諸人은 第一不得着手拈이니 若也拈着하면 汚却你手하리라하다

취암종이 염하였다. 남전의 살림살이를 알고자 하는가? 다만 이 죽은 고양이가 이것이니라. 조주의 살림살이를 알고자 하는가? 다만 이 해진 짚신이 이것이니라. 여러분은 절대로 손을 대서 들지 말라. 손을 대어 들면 여러분의 손을 더럽히리라.

竹庵珪가 擧此話에 [至]遂斬却하야 師云하되 急急如律令이니라하고 復擧에 [至]恰救得猫兒하야 師云하되 正是普州人送賊이로다하다

죽암규가 이 이야기에서 고양이를 벤 곳까지를 들어 말하였다. "율령대로 빨리 시행하라." 그리고는 다시 '고양이를 살릴 수도 있었을 터인데'라고 한 곳까지를 들어 말하였다. "이야말로 보주 사람이 도적을 압송하는 꼴이로다."

염송설화 拈頌說話

[斬猫] 趙州便脫草鞋云云者 禮記云 履雖新 不加於頂 冠雖舊 不加於足 則戴草鞋於頂上者 一一安著也 故云子若在恰救得狸兒

- 法眞 捉敗南泉也 與一掌者 虎頭虎尾一時收也

  법진(의 말)은 남전을 붙잡은 것이다. 뺨 한 대를 주어야 했다는 것은 범의 머리와 범의 꼬리를 일시에 거두는 것이다.

8 조주무자 趙州無字

《선문염송》제11권 417. 불성(佛性)

古則 고칙

趙州가 因僧問하되 狗子還有佛性也無닛가한대 師云하되 有니라하니 僧云하되 旣有인댄 爲什麽하야 却撞入者个皮袋닛고하거늘 師云하되 爲他知而故犯이니라하다 又有僧이 問하되 狗子還有佛性也無닛가한대 師云하되 無니라하니 僧云하되 一切衆生이 皆有佛性이어늘 狗子爲什麽却無닛고하거늘 師云하되 爲伊有業識在니라하다.

　조주가 스님이 "개도 불성이 있습니까 없습니까?" 물은 것으로 인(因)하여 말하기를 "있느니라" 했다. 스님이 물었다. "이미 있다면 왜 이 가죽부대 속에 들어있습니까?" 조주가 말했다. "그가 알면서도 짐짓 범했기 때문이다."

　다시 어떤 스님이 물었다. "개도 불성이 있습니까 없습니까?" 조주가 말했다. "없느니라." 스님이 물었다. "일체중생은 모두 불성이 있다고 했는데 개는 어째서 없다고 하십니까?" 스님이 말했다. "그에게 업식이 있기 때문이다."

염송 拈頌

大洪恩이 頌하되 有有有여 路上에 有花兼有酒로다 一程을 分作十程行하니 坐看南星이 懸北斗로다.

又頌하되 無無無여 匣中에 無劒又無書로다 三入洛陽人不識하니 翻身飛過洞庭湖로다.

又頌하되 有復無요 無復有하니 百年妖怪虛開口로다 一句當風震若雷하니 井蛙半夜同哮吼로다.

又頌하되 無復有 有復無하니 何事人來訪子湖오 千里同風無足道어늘 一條杖子兩人扶로다.

대홍은이 송하였다. 있다 있다 있다 하니 길에는 꽃도 있고 술도 있도다. 하룻길을 열흘 길로 나누어 걸으니 남쪽 별이 북쪽에 걸린 것 앉아서 구경한다.

또 송하였다. 없다 없다 없다 하니 갑(匣) 속에 검도 없고 책도 없도다. 세 번이나 낙양에 들어갔으나 아는 이 없으니 몸을 돌려 동정호를 날아 지나갔도다.

또 송하였다. 있다가 다시 없고 없다가 또 있다 하니 백 년 묵은 요괴가 공연히 입을 연다. 한 구절이 바람결 따라 우레 같은데 우물 안 개구리, 밤중에 함께 울부짖는다.

또 송하였다. 없다가 다시 있음이요, 있다가 또 없다 하니 무슨 일로 사람들은 자호[151]를 방문하는가? 천리 안이 같은 풍속임은 말할 것 없거늘 한 토막 주장자를 두 사람이 붙들고 있도다.

薦福逸이 頌하되 有佛性無佛性이라하니 正却倒倒却正이로다 踏破澄潭月하고 拗折無星秤이로다 火向水中燃이오 橛從空裏釘이로다 肯類盲龜嚙死蛇하니 一對牙關緊鼓定이로다 [此師擧錄에 僧問趙州하되 狗子還有佛性也無로 [至] 爲有業識在니라 又僧問興善하되 狗子還有佛性也無닛가한대 善云有니라하니 僧云和尙이 還有否아한대 善云我無니라한대 僧云一切衆生이 皆有佛性이어늘 和尙은 因何獨無오한대 善云 我非一切衆生이니라하다]

천복일이 송하였다. 불성이 있다 하고 불성이 없다 하니 바른 것이 거꾸로요, 거꾸로가 바로이다. 맑은 못의 달을 밟아 문지르고 눈금 없는 저울대를 꺾어 버린다. 물속에서 불을 피우고 허공에다 말뚝을 박는다. 눈먼 거북이 죽은 뱀 씹는 데 견줄 수 있으랴. 한 쌍의 어금니를 굳게 다물어야 되리라. [이는 다른 기록에서 어떤 스님이 조주에게 "개도 불성이 있습니까?" 한 것으로부터 "업식이 있기 때문이니라" 한 뒤에 그 스님이 흥선에게 "개도 불성이 있습니까" 하니 흥선이 "있느니라" 하여 스님이 다시 "화상께도 있습니까?" 하니 흥선이 "나에게는 없느니라" 하자 스님이 "일체 중생이 모두가 불성이 있거늘 화상께는 어찌하여 없다 하십니까?" 하니 흥선이 "나는 일체 중생이 아니니라" 한 것을 송한 것이다.]

---

151) 자호리종(子湖利蹤, 800~880) : 남전 보원 선사의 제자이다. 법문을 하기를 "나에게 개 한마리가 있는데, 위로는 사람의 머리를 가지고 있고, 가운데는 사람의 마음을 가지고 있고, 아래로 사람의 발을 가지고 있으니 여기에서 머뭇거리면 목숨을 잃는다." 하니 한 스님이 묻되, "무엇이 스님의 개 한마리 입니까?" 하니 자호가 말하기를 "멍멍"이라고 했다.

保寧秀가 頌하되 少年學解昧宗途러니 老倒依還滯有無로다 古佛純金
誰辨色고 惑爲機智競躊躇로다 莫躊躇하라 話有談無須是渠니라.

보녕수가 송하였다. 소년들의 학식이 종지를 모르더니 늙은이가 되어도 있다 없다에 막히네. 고불(古佛)의 순금은 누가 색을 가릴꼬? 똑똑한 듯 어리석어 앞 다투어 망설이네. 주저하지 말라. 있다 말하고 없다 말하는 이는 모름지기 그때 뿐이리.

天童覺이 頌하되 狗子佛性有하고 狗子佛性無라하니 直鉤元求負命魚
어늘 逐氣尋香雲水客이 嘈嘈雜雜作分疎로다 平展演大鋪舒하니 莫恠
儂家不愼初하라 指點瑕疵還奪璧하니 秦王不識藺相如로다.
又頌하되 趙州道有하고 趙州道無하니 狗子佛性을 天下分疎로다 面赤
不如語直하고 心眞莫恠言麁하라 七百甲子老禪伯이 驢糞逢人換眼
珠로다.

천동각이 송하였다. 개에 불성이 있다 하고 개에 불성이 없다 하니 곧은 낚시는 원래부터 죽은 고기를 낚으려는 것인데 냄새나 쫓아다니는 납자들은 이러쿵저러쿵 설명을 하려 든다. 평탄하게 펼쳐진 곳에 큰 가게를 여니 가게 주인 처음부터 경솔했다 허물 말라. 티가 있다 지적하여 옥을 돌려 오니 진왕은 인상여를 알지 못하네.
또 송하였다. 조주는 있다고도 하고 없다고도 하니 개의 불성을 천하사람이 분별하네. 얼굴 붉은 것이 말 곧은 것만 못하니 마음이 곧거든 말 거친 것 허물 말라. 7백갑자152)를 산 늙은 선사가 나귀 똥으로 남의 눈알 바꿔 주네.

---

152) 1년에 60갑자가 6회이니 100년은 600갑자이다. 조주선사는 120년을 살았으니 720갑자가 되는데 여기서는 대략 말한 것이다.

法眞一이 頌하되 狗子佛性無하고 狗子佛性有라하니 從來只向兩頭走로다 未能一鏃破雙關하고 業識依前還作狗로다.

법진일이 송하였다. 개에 불성이 없다고도 하고 개에 불성이 있다고도 하니 원래부터 양쪽을 향해 끝없이 달린다. 한 화살로 두 관문을 꿰뚫지 못하니 업식이 여전하여 개가 되었네.

眞淨文이 頌하되 言有業識在라하니 誰云意不深고 海枯終見底어니와 人死不知心이니라.

진정문이 송하였다. 업식이 남아있다 하니 그 뜻이 깊지 않다 누가 말하랴. 바다가 마르면 끝내 바닥이 보이지만 사람은 죽어도 마음을 알 수 없다.

白雲演이 頌하되 趙州露刃劒이 寒霜光燄燄이로다 更擬問如何하면 分身作兩段하리라.

백운연이 송하였다. 조주가 칼끝을 드러내니 찬 서리같이 서슬이 시퍼렇다. 어떤가를 또다시 물으려 하면 그의 몸 끊어서 두 동강을 내리라.

徑山杲가 頌하되 有問狗佛性하니 趙州答曰無로다 言下滅胡族이라도 猶爲不丈夫로다.

경산고가 송하였다. 어떤 이가 개의 불성을 물으니 조주는 없다고 대답했네. 언하에 오랑캐를 멸한다 해도 아직은 대장부라 하지는 못하리라.

竹庵珪가 頌하되 宣德門前過라가 迴頭便招禍로다 若要無事時인댄 且歸屋裏坐니라.

죽암규가 송하였다. 선덕문[153] 앞을 지나다가 고개를 돌리자 재앙을 만났네. 만일 무사하기를 바란다면 집에 돌아가 앉아 있어야 하리.

育王諶이 頌하되 千尋浪底魚生角이오 萬仞崖頭虎嘯風이로다 却笑趙州無佛性이니 猶能向月吠晴空이로다

육왕심[154]이 송하였다. 천 길 물속의 고기에 뿔이 돋았고 만 길 벼랑 끝의 범이 휘파람 분다. 도리어 조주의 불성 없다는 말 비웃어 주노니 달을 향해 맑은 하늘로 짖을 줄도 아노라.

密庵傑이 頌하되 狗子無佛性이라하니 殺人便傷命이로다 楚痛百千般이나 因邪却打正이로다.

밀암걸이 송하였다. 개에게 불성이 없다고 하니 사람을 죽여 바로 생명을 해치는구나. 쓰라린 아픔이 백 천 가지이나 삿됨을 통해서 오히려 바름을 되찾았네.

無爲子가 頌하되 佛性明言狗子無어늘 諸方何事强名模오 尙猶趂塊尋香氣

---

153) 선덕문(宣德門): 송(宋)의 동경(東京) 개봉(開封)의 선덕문을 말하는 것으로 대궐문을 말한다.
154) 육왕 개심(育王 介諶, 1080-1148): 임제종 황룡파의 선사로 심문 담분(心聞 曇賁) 선사의 스승이다. 남악의 15세 법손이다.

하니 豈有威風助紫胡리오.

무위자가 송하였다. 개에게는 불성 없다고 분명히 말했거늘 제방에선 어찌하여 억지로 분별하나. 여전히 흙덩이 쫓고 냄새를 따르니 자호(紫胡)를 도울 위풍 있을 수 있으랴?

悅齋居士가 頌하되 趙州倒用司農印이라 日暮途窮且逆行이로다 射虎不眞俄沒羽라 忽然誤點却成蠅이로다.

열재거사가 송하였다. 조주가 사농의 인장을 잘못 사용해 해가 지고 길이 다했는데도 거슬러 길을 나섰네. 범을 쏘되 조준을 잃어 몰우전(沒羽箭)만 날렸고 홀연히 잘못 떨군 먹물이 파리를 만들었네.

翠嵒芝가 拈하되 說有說無하니 兩彩一賽로다 如今作麼生道오하다.

취암지가 염하였다. 있다고도 하고 없다고도 하니 두 내기를 한 판에 걸었다. 지금 무엇이라 말해야 되겠는가?

廣靈祖가 上堂擧此話에 [至]有業識在하야 師云하되 此箇公案을 叢林批判이 甚多하니 或云하되 狗子가 討甚佛性이리오 問者가 無佛性이라하며 或云하되 是冷語對伊라 하며 或乃展開兩手로다 又有僧이 問修山主하되 狗子還有佛性也無아한대 主云하되 有[至]知而故犯이라하니 大衆아 問旣一般이어늘 趙州爲甚答無며 山主爲甚答有오 衆中이 道하되 宗師家出語가 臨時應用이라 說無也得하며 說有也得이라하며 或云하되 不落有

無하고 在有無中間이라하며 或云하되 涅槃經에 佛이 自說有性하며 又說無性이라하고 或云하되 汝但承當取하야 自作主宰라하니 若惣如此解會인댄 盡是情存聖量이오 識附法塵이라 說無時에 着無하고 說有時에 着有니 不若都盧撥在一邊이라 正法眼藏을 若伊麽商量인댄 祖師西來가 大殺無補하며 亦乃屈他趙州老人이라 山主和尙은 且如何即是오하고 良久云하되 面赤不如語直이니라하다.

광령조가 상당하여 "업식이 있다"고 한 곳까지의 이야기를 들어 말하였다. 이 이야기를 총림에서 비판하는 이가 매우 많으니 어떤 이는 '개에게서 무슨 불성을 토론하리오' 하고, 묻는 이는 '불성이 없다' 하기도 하며, 어떤 이는 '이는 냉정한 말로 그대에게 대한 것이라' 하기도 하며, 어떤 이는 두 손을 활짝 내민다. 또 어떤 스님이 수산주에게 '개도 불성이 있습니까?' 하니 수산주가 '있느니라 …… 알면서도 짐짓 범했느니라'라고 하였으니 대중들이여, 물음은 이미 하나이거늘 조주는 어째서 없다 했으며, 수산주는 어째서 있다 했을까? 대중들 중에 누가 말하기를 '종사들이 말을 입 밖에 낼 때엔 때에 따라 응용하는 것이므로, 있다 해도 좋고, 없다 해도 좋다' 하기도 하며, 어떤 이는 '있고 없음에 빠지지 않고, 있고 없음의 중간에 있다'고 하기도 하며, 혹은 《열반경》에서 부처님께서도 불성이 있다고도 하시고, 없다고도 하셨다'고 하기도 하며, 혹은 '그대는 바로 알아 차려서 스스로가 주인 노릇을 하기만 하라' 하기도 하니, 만일 이와 같이 해석한다면 모두가 마음속에 성현의 티가 남은 것이요, 의식에 법진(法塵)이 붙은 것이다. 없다고 말할 때는 없음에 집착하고, 있다고 말할 때는 있음에 집착하니, 모두를 한쪽으로 치워 버리는 것만 못하니라. 정법안장을 이렇게 헤아린다면 조사께서 서쪽에서 오신 뜻이 아무런 도움이 안 될 것이며, 조주 노인까지도 욕되게 하는 것이니라. 수산주 화상은 또 무엇이 옳다는 것인가? 양구했다가 말하였다. 얼굴 붉은 것이 말 곧은 것만 못하느니라.

白雲演이 上堂擧此話云하되 大衆아 你諸人이 尋常에 作麼生會오 老僧이 尋常에 只擧無字하야 便休라 你若透得者一个字하면 天下人이 不奈你何하리라하니 你諸人은 作麼生透오 還有透得徹底麼아 有則出來道看하라 我也不要你道有하며 也不要你道無하며 也不要你道不有不無니 你作麼生道오 珍重하라하다.

백운연이 상당하여 이 이야기를 들어 말하였다. 대중이여, 여러분은 평소에 어떻게 생각하는가? 노승은 평상시에 '다만 무자(無字) 하나만을 들고는 그만두었으니 그대들이 만일 이 한 글자를 투득한다면 천하 사람도 그대를 어찌할 수 없으리라'고 하였노라. 여러분은 어떻게 해야 투득하겠는가? 철저히 투득한 이가 있는가? 있거든 나와서 말해보라. 나는 그대들이 있다고 말하기를 바라지도 않고, 없다고 말하기를 바라지도 않으며, 또 있지도 않고 없지도 않다고 말하기를 바라지도 않는다. 그대들은 무엇이라 하겠는가? 진중하라.

育王智가 上堂擧此話云하되 一滴混千江이오 一鎚開衆竅로다 若向聲前薦得하면 不但趙州老人이라 一大藏敎를 一時明破어니와 其或未然인댄 更向雪上加霜하야 重爲注破하리라하고 乃云하되 狗子佛性有하니 海底麒麟大哮吼오 狗子佛性無하니 舌頭墊着須彌盧로다 任使雪花封岳頂이라도 碧天依舊月輪孤니라 月輪孤여 天台栁檴長珊瑚로다하다.

육왕지가 상당하여 이 이야기를 들어 말하였다. 한 방울 물이 천강에 섞이고 한 망치가 뭇 구멍을 연다. 만일 음성 이전에 알아차리면 조주 노인뿐만 아니라 일대장교를 일시에 밝히겠지만 그렇지 못하다면 눈 위에 서리를 보태듯 다시 주석을 내어 주어라. 다시 말하였다. 개에게 불성이 있다 하니 바다 밑의 기린이 크게 부르짖고, 개에게 불성이 없다 하니 혀끝으로 수미산 정상을 다진다. 설사 눈꽃이 산 정상을 뒤덮었더라도 푸른 하늘에는 여전히 달만이 휘영청하다. 휘영청한 달이여, 천태산의 즐률 주장자가 산호보다 나으리라.

竹庵珪가 上堂에 僧이 擧問此話하되 意旨如何닛고한대 師云하되 一度着蛇咬하면 怕見斷井索이니라하다.

죽암규가 상당하였는데 어떤 스님이 이 이야기를 들어 말하였다. 이 뜻이 무엇입니까? 선사가 말하였다. 한 번 뱀에 물렸던 사람은 끊어진 두레박 줄을 보고도 놀라느니라.

염송설화 拈頌說話

[佛性] 禪和家商量紛紜 有云趙州無字 天下衲僧話頭 穿鑿無分 不道不是 大凡本分宗師 所發言句 一一如無孔鐵鎚 豈有穿鑿分 諸餘言句且置 無字一般公案 又無數也 豈徒公案一般 語勢亦無異地頗多 如潙山云 一切衆生 本無佛性 又古德因僧問 如何是學人佛性 云去去 汝無佛性 又有古德因僧問 如何是眞如佛性 答云誰有於彼 胡說亂說 於此爲什麽穿鑿不得 旣於此穿鑿不得 於彼還曾解穿鑿得麽 又有知識自謂知有 對學人云 趙州道無 是一柄吹毛 遂高聲云 無隨後 又云直下會取好 是則也是 是隔靴搔痒 且沒交涉 自餘駁雜之說 何足掛齒牙間哉 然則如之何 古人豈不云乎 驢糞逢人換眼珠 若會得無便會得道 箇有古人到這時節道 斫却月中桂 清光應更多

9 조주 적양화 趙州 摘楊花

《선문염송》제12권 430. 유불(有佛)

古則 고칙

趙州가 因僧辭하야 乃云하되 有佛處에 不得住하고 無佛處에 急走過하야 三千里外에 逢人커든 莫錯擧하라한대 僧云하되 伊麼則不去也니다하니 師云하되 摘楊花摘楊花로다하다.

　　조주가 한 스님이 하직인사를 함으로 인하여 곧 말했다. "부처 있는 곳은 머물지 말고, 부처 없는 곳은 급히 지나가서 삼천리 밖에서 사람을 만나거든 잘못 들어 말하지 말게." 스님이 말했다. "그러한즉 가지 않겠습니다." 선사가 말했다. "버들꽃을 따는구나. 버들꽃을 따는구나."

보론 補論

1. 양화(楊花: 버들 꽃)에 대하여

한대(漢代)부터 절류송별(折柳送別)의 풍속이 있었다. 버들가지를 꺾어 이별의 슬픔을 나타내는 것이다. '류(柳)'의 발음이 '류(留)'의 발음과 같아서 이별하는 공간인 강가에서 버들가지를 꺾어 줌으로써 더욱 머무르게 하고픈 간절한 심정을 드러낸 것이다. 양화(楊花: 버들 꽃) 역시 이별을 상징한다.

2. '버들가지'와 '버들개지'의 차이

❶ 버들가지 = 양류지(楊柳枝), 양지(柳枝)로 버드나무의 가지를 의미한다.
❷ 버들개지(버들강아지) = 유서(柳絮), 양화(楊花)로 봄에 이삭모양으로 꽃이 피는데 솜처럼 바람에 흩어지는 것이다. '서(絮)'는 솜 서자이다. 버들 꽃을 '꺾는다'고 하지 않고 '딴다'고 번역한 것은 이런 이유 때문이다. 하지만 버드나무 가지를 꺾는 것처럼 버들 꽃을 따는 것 역시 이별을 상징한다고 볼 수 있다.

3. 삼월회별김수의(三月晦別金秀義)

- 조선 백광훈(白光勳 1537~1582)의 《옥봉시집(玉峰詩集)》(김수의는 하서 김인후의 둘째 아들) -

一年春盡日
千里遠行人
楊花似別恨
風處自紛繽

일년의 봄이 다하는 날에
먼 길 떠나는 그대에게
버들 꽃(버들개지)은 이별의 한과 같고
바람 부는 곳에 절로 어지럽고 분분하구나.

진제 선사의 송(頌)

千里烏騅도 追不得이라

하루에 천리를 가는 오추마도 따라갈 수 없음이로다.

염송 拈頌

南明泉이 頌하되 截斷三關過者稀라 臨鋒誰解振全威리오 楊花摘處 何人見고 風送漫天似雪飛로다.

남명천이 송하였다. 세 겹 관문 끊어내고 지나는 이 드무니, 기봉을 임해 누가 온전한 위세 떨침을 알겠는가. 버들 꽃 따는 곳을 어떤 사람이 보는가. 봄바람 날리어 하늘 가득 눈발처럼 흩날리도다.

保寧勇이 頌하되 堂堂好箇丈夫兒여 剛[155])被麻胡取次欺로다 若解舊拳 張意氣면 世間何處可容伊리오.

보녕용이 송하였다. 당당하고 좋은 대장부들이여, 지금 막 마호[156])에게 차례대로 속았

---

155) 강(剛) = 강재(剛才) = 재(才): 지금 막, 바로
156) 마호(麻胡): 전설상의 인명으로 설명이 같지 않으나 포악한 것으로 유명하며, 민간에서 아이들을 으를 때 사용된다. (傳說中人名. 說法不一. 以殘暴著稱. 民間習用以恐 小兒.) "후조·석륵의 장수인 마추는 태원부에 귀화한 오랑캐이다. 타고난 성품이 사나워서 짐새의 독과 같았다. 아이가 울 때에 그 어머니가 문득 '마호가 온다' 하고 겁을 주면, 아이가 울음을 그쳤는데, 지금까지 고사가 되어있다. 일설에는 수나라 장수인 마호(숙모)라고 한다. (後趙·石勒將麻秋者, 太原胡人也, 植性 險 毒. 有兒啼, 母輒恐之'麻胡來', 啼聲. 至今以 故事. 一說, 隋將軍麻祜(叔謀)"《太平廣記》卷二六七 引唐·張《朝野僉載》

구나. 만일 옛 주먹을 휘두르며 배짱을 부렸다면 세간 어느 곳에서 그를 용납했겠는가.

雲門杲가 頌하되 有佛處不得住라하니 生鐵秤錘被蟲蛀오 無佛處急走過라하니 撞着嵩山破竈墮로다 三千里外莫錯擧라하니 兩箇石人相耳語로다 伊麼則不去也라하니 此語已行徧天下로다 摘楊花摘楊花여 唵嚩呢噠哩吽癹吒

운문고가 송하였다. 부처님이 계신 곳에 머물지 말라니 무쇠로 된 저울추에 좀이 슬었구나. 부처님이 안 계신 곳은 황급히 지나가라 하니 숭산의 파조타[157]와 갑자기 만났구나. 3천리 밖에서 잘못 말하지 말라하니 두 돌사람이 귓속말을 하는구나. 그렇다면 떠나지 않겠다고 하니 이 말은 벌써 온 천하에 퍼졌도다. '버들 꽃을 따는구나, 버들 꽃을 따는구나' 함이요, '옴 마니다니 훔 바탁'이로다."

竹庵珪가 頌하되 有佛之處不得住하고 無佛之處急走過하야 三千里外摘楊花하고 他日歸來擧似我하라.

죽암규가 송하였다. 부처님 계신 곳은 머물지 말고 부처님 안 계신 곳은 급히 지나가서 3천리 밖에서 버들 꽃을 따다가 다음날 돌아오거든 나에게 말하라.

---

157) 파조타(破竈墮): 파조타(破竈墮) 화상에 대해서는 《선문염송》 제5권 153화에 나온다. 파조타는 조왕신을 부수고 '특별한 것이 없다(別無奇特)'고 하여 얻은 이름이다. 자신의 부처를 찾으라는 가르침이다.

知非子가 頌하되 門外千山路에 親聞趙州句로다 有佛急走過하고 無佛不得住라하니 若遇明眼人커든 分明擧似去하라 觀音院彌勒이 問着詞不措로다.

지비자가 송하였다. 문 밖의 일천 산의 길에서 조주의 구절을 직접들었도다. 부처 있으면 급히 지나가고 부처 없으면 머물지 말라하니 눈 밝은 이를 만나거든 분명하게 이야기하라. 관음원의 미륵이 물어도 말을 두지 않는구나.

天衣懷가 上堂에 擧趙州送僧할새 竪起拂子云有佛處로 [至]摘揚花하야 師云하되 諸仁者여 非但走這僧하야 脚底皮穿이라 亦乃啞却者漢口로다 口若不啞하면 爲什麼하야 逢人莫擧오 山僧이 今日에 不惜兩片皮하고 與你諸人擧放開也하리라 森羅萬像과 日月星辰이 捏聚也에 攣攣拳拳하며 跛跛挈挈이오 言貴也價直娑婆오 言賤也都來不直半分錢이로다.

천의회가 상당하여 "조주가 한 스님을 전송할 때 불자를 세우고는 부처님 계신 곳에도 …… 버들 꽃을 따는구나"라고 한 곳까지를 들어 말하였다. "여러분, 다만 이 스님을 달리게 하여 발바닥 밑이 뚫어지게 했을 뿐 아니라 이 스님의 입까지도 막아 버렸다. 만일 벙어리가 되지 않았다면 무엇 때문에 사람을 만나서 이야기를 못하게 하는가? 내가 오늘 두 조각 가죽을 아끼지 않고 여러분에게 이야기하여 드러내리라. 삼라만상과 일월성신을 걷어 움켜쥐면 오그라들고 절름발이 걸음 같거니와 귀하기로는 사바세계와 맞먹고, 천하기로는 모두 해야 반 푼어치도 되지 않느니라."

智海逸이 上堂擧此話에 [至]莫錯擧하야 師乃召云하되 諸禪德아 趙州

禪老가 端居趙國하야 常懷杞人之憂로다 這裏卽不然하리라 有佛處信緣住하고 無佛處隨分過하며 三千里外逢人커든 但伊麽擧라하리라 雖然如是나 須是箇漢이라사 始得다하다.

지해일이 상당하여 이 이야기의 잘못 들어 말하지 말라'고 한 곳까지를 들어 대중을 부르며 말하였다. "여러 선덕이여, 조주 선노는 단정히 조나라에 거하면서 항상 공연한 걱정(杞憂)을 품고 있음이라. 나는 그렇지 않으니, 부처님이 계신 곳에는 인연을 믿고 머물고, 부처님이 없는 곳에는 분수에 따라 지나가서, 삼천리 밖에서 사람을 만나거든 단지 이렇게만 말하라고 하리라. 비록 그러하나 모름지기 그럴 만한 자라야 그리할 수 있는 것이다."[158]

天童覺이 拈하되 沉空滯寂하고 犯手傷風은 俱未是衲僧去就라 直須莫入人行市하며 莫坐他牀榻하라 正不立玄하고 偏不附物이라사 方能把住放行하야 有自由分하리라하다

천동각이 염하였다. "공(空)에 잠기거나 고요함에 빠지거나 손으로 공격하거나 바람을 상하거나 하는 이 모든 일은 납승의 태도가 되지 못한다. 모름지기 사람들이 다니는 저잣거리에 들지 말고 다른 이의 평상자리에 앉지 말며, 정(正)이라도 현묘함을 세우지 말고 편(偏)이라도 물건을 붙이지 말아야 비로소 잡음(파주)과 놓음(방행)이 자유분을 갖출 수 있게 되느니라."

---

158) *조주: 有佛處不得住, 無佛處急走過, 三千里外逢人, 莫錯擧.
  *지해: 有佛處信緣住, 無佛處隨分過, 三千里外逢人, 但伊麽擧.

曹溪明이 上堂擧此話云하되 灌溪卽不然이리라 有佛處牢把住하고 無佛處莫空過하라 牢把住하면 自己靈光이 蓋天地오 莫空過하면 莽莽蕩蕩招殃禍니 不如劃斷兩頭하고 直下歸家穩坐니라하다.

조계명이 상당하여 이 이야기를 들어 말하였다. "나 관계(灌溪)는 그렇지 않으리니, 부처님이 계신 곳에는 견고하게 머무르고, 부처님이 계시지 않은 곳은 헛되이 지나치지 말라. 견고하게 머무르면 자기의 신령한 빛이 천지를 뒤덮게 되고, 헛되이 지나치지 않으면 광활하고 아득한 재앙과 화를 부를 것이니, 양쪽 끝을 둘로 끊어버리고 곧장 집으로 돌아와 편안히 앉아 있는 것만 못하도다 하리라."

白雲演이 上堂에 擧有佛處不得住하고 師云하되 換却你心肝五藏이로다 無佛處急走過라하니 師云하되 鴈過留聲이로다 三千里外逢人커든 不得錯擧라하니 師云하되 出門便錯이니라 僧云하되 伊麽則不去也라하니 師云하되 種粟却生豆로다 州云하되 摘楊花摘楊花라하니 師云하되 不覺日又夜인들 爭敎入少年이리오하다.

백운연이 상당하여 '부처가 있는 곳에 머무르지 말라'고 한 것을 들어 말하였다. "그대들의 심장과 간장 등 오장을 바꿔버렸구나." '부처 없는 곳은 급히 지나가라'고 한 것을 들어 말하였다. "기러기는 지나갔는데 소리만 남았구나." '삼천리 밖에서 사람을 만나거든 잘못 들어 말하지 말게' 한 것을 들어 말하였다. "문 밖을 나선 것이 이미 잘못됐다." '스님이 그러한즉 가지 않겠습니다' 한 것을 들어 말하였다. "조를 심었는데 도리어 콩이 났구나." '조주가 버들 꽃을 따는구나, 버들 꽃을 따는구나' 한 것을 들어 말하였다. "낮이었다가 다시 밤이 된 것을 느끼지 못한다 한들 어찌 사람으로 하여금 세월을 젊어지게 하겠는가?"

牧庵忠이 上堂擧此話에 連擧一尊宿이 云하되 有佛處也住些子하고 無佛處也住些子라하니 師云하되 牧庵卽不然하리라 有佛處也七顚八倒하고 無佛處也七顚八倒하리라하리라 大衆아 且道하라 伊麽說話가 與古人으로 還有親疎也無아 若人이 辨得하면 許汝七顚八倒하리라하다.

목암충이 상당하여 이 이야기를 듣고 연이어 한 존숙이 '부처님 계신 곳에도 얼마쯤 머물고 부처님 안 계신 곳에도 얼마쯤 머물라'고 한 것을 들어 말하였다. "나 목암은 그렇게 하지 않으리니, 부처님 계신 곳에서도 칠전팔도하고 부처님 안 계신 곳에서도 칠전팔도하라고 하리라. 대중들아 말해 보라. 이러한 이야기가 고인과 더불어 가까운 것인가 먼 것인가? 누군가가 가려낸다면 그가 칠전팔도 했음을 허락하리라."

松源이 上堂에 擧雲門杲頌하고 師云하되 大慧老人이 盡力이나 只道得到者裏로다 還知香山落處麽아 鐵山崩倒壓銀山하니 盤走珠兮珠走盤이로다 密把鴛鴦閒繡出하니 金針終不與人看이로다하다.

송원이 상당하여 운문고의 송을 들어 말하였다. "대혜 노인이 비록 힘을 다했으나 겨우 이 정도를 말했을 뿐이다. 또한 나 향산의 낙처를 알겠는가? 무쇠 산이 무너져서 은산을 누르니 소반이 구슬을 구르게 하고 구슬이 소반을 구른다. 가만히 원앙을 붙들어 한가로이 수를 놓았으나 금바늘은 끝내 남에게 보여주지 않으리라."

密庵傑이 上堂云하되 有佛處不得住라하니 陝府鐵牛雙角露하고 無佛處急走過하니 南海波斯鼻孔大로다 三千里外摘楊花라하니 種豆由來生稻麻로다하고 拈拄杖云하되 趙州來也로다하고 遂卓一卓하다.

밀암걸이 상당하여 말하였다. "부처님 계신 곳에도 머물지 말라 하니 섬부의 무쇠 소는 두 뿔이 드러났고, 부처님 안 계신 곳은 급히 지나가라 하니 남해 페르시아인의 콧구멍이 크도다. 3천 리 밖에서 버들 꽃을 따라고 하니, 콩을 심은 곳엔 원래 벼나 삼이 나도다." 그리고는 주장자를 들어 올리고 말하였다. "조주가 왔도다." 그리고는 한 번 내리쳤다.

知非子가 垂問하되 趙州가 謂行脚僧云하되 有佛處不得住하고 無佛處急走過라하며 又云하되 汝等諸人은 但向衣鉢下端坐하야 十年에 若不成佛하면 斬取老僧頭去라하니 衆中에 或有个明底出來問하되 和尙兩般指示가 如此하니 敎學人으로 急走則是아 端坐則是아하면 且道하라 如何枝梧오하라 自代云하되 投明須到인댄 不管夜行이니라하다.

지비자가 물었다. "조주가 어느 행각승에게 말하기를 '부처님 계신 곳에도 머무르지 말고, 부처님 안 계신 곳은 급히 지나가라'고 하였다. 또 '그대들이 의발 아래에서 단정히 앉아 있은 지 10년이나 되는데도 부처를 이루지 못한다면 나의 목을 베어 가라'고 하였는데, 그 때 대중들 중에 눈 밝은 이가 나서서 '화상이 두 가닥으로 지도하심이 이와 같으니 저희들 공부인은 급히 달려가야 옳습니까, 아니면 단정히 앉아야 옳습니까?'라고 한다면 말해보라. 어떻게 대꾸해야[159] 되겠는가?" 스스로 대답하였다. "동이 트고서야 도달한다면 밤길을 가는 것도 무방하니라."

---

159) 지오(枝梧): 지(枝)는 작은 기둥이요, 오(梧)는 비스듬히 세운 기둥으로 버티다, 지탱하다의 의미가 있다. '지오(支吾)'는 애매한 말로 버티다, 얼버무리다, 발뺌하다, 조리가 없다는 뜻이 된다. 여기서는 겨우 버티고 지탱하는 것을 말한다.

염송설화 拈頌說話

[有佛] 有佛處 有佛有衆生也 無佛處 無佛無衆生也 不得住急走過者 萬松云 這僧擬往南方 學佛法時合喫山僧手中棒故 趙州云 有佛處云云 又恐這僧滯在無事甲裏 打淨潔毬子 所以道無佛處急走過 可謂偏不付物 正不立玄也 三千里外者 中間句耶 三句外也 莫錯擧者 三句外着眼 是錯擧 移身轉步 亦是錯擧 人者 學人宗師善知識都擧也 伊麼則不去也者 三句內全身也
<u>摘楊花云云者 陶潛詩云 稚子摘楊花 東西傍楊柳 堪笑老翁翁 不得隨他去 則東西自在意耶 一道眞言也</u>

버들꽃을 딴다고 한 것은 도잠(도연명)의 시에 이르길, "아이들이 버들꽃을 따는데 동과 서로 버드나무에 바싹 매달리는구나. 우습구나 늙은이들이여, 그들을 따라하지 못하는구나" 하였는즉, 동과 서에 자재하다는 뜻인가? 한마디 진언이로다.

- 保寧 麻胡者 廣紀云 後趙石勒將麻秋者 大原胡人也 植性虓險 鴆毒 有兒啼 母輒恐之 麻胡來啼聲絶 至今以爲故事也
- 雲門 生鐵云云者 住着則便被蟲蛀也 撞著嵩山云云者 無佛處亦住著則不是也 兩箇石人云云者 能所皆無情識也 此語云云者 分明箭後路

也 唵云云者 一道眞言也
- 天衣 詳此師意 但破三千里外 逢人莫錯擧之執也
- 智海 杞人之憂者 杞國之人 常懷天傾之憂也 有佛處云云者 有佛處有什麽過 然則三千里外有什麽難擧
- 天童 沈空滯寂者 無佛處也 犯手傷風者 有佛處也 行市牀榻 亦配兩句也 正不立玄 偏不付物 則逢人莫錯擧也 把住放行云云者 摘楊花摘楊花也
- 曹溪 有佛處云云者 不妨住著也 何也 自己靈光 盖天盖地也 無佛處莫空過者 莫謂空然便過 故下云 莽莽蕩蕩招殃禍也 不如劃斷云云者 約中間大意 如智海上堂也
- 白雲 三千里內三千里外 皆不放過也 種粟却生豆者 從三千里外還入三千里內也 如云又是從頭起也
- 牧庵 老宿意 有佛處 無佛處 一一安著也 這意同 七顚八倒者 摘楊花摘楊花義同
- 松源 銀山白淨 喩三千里外也 鐵山純黑 喩三千里還入三句內故 壓也 盤走珠云云者 三句內事也 卽上二句 明大慧意 下二句 明自己意也 然則說什麽三千里內 三千里外 皆是綉出鴛鴦也
- 密庵 陝府云云者 有大力量也 南海云云者 依舊眼橫鼻直也 種豆由來云云者 種豆生麻 非其理也 今云由來 則趙州意無過也 趙州來也者 句句是趙州也
- 知非云云至走過者 移身轉步 有趣向極到處也 衣鉢下端坐者 究取自己本有之事也 投明須到云云者 若據端坐 則不得住急走過是夜行也

⑩ 영운도화 靈雲桃花

《선문염송》 제15권 590. 도화(桃花)

古則 고칙

福州靈雲志勤禪師가 在潙山하야 因見桃花悟道하고 有偈曰하되 三十年來尋劒客이 幾迴落葉幾抽枝오 自從一見桃花後로 直至如今更不疑로다하고 擧似潙山한대 山云하되 從緣悟達하면 永無退失이니 善自護持하라하다

[有僧이 擧似玄沙한대 沙云하되 諦當甚諦當이나 敢保老兄猶未徹이로다 衆疑此語어늘 玄沙問地藏하되 我與麽道하니 汝作麽生會오한대 地藏云하되 不是桂琛이면 卽走殺天下人이로다하다]

　복주의 영운지근 선사가 위산에 있다가 복사꽃을 보고서 오도하여 게송이 있었으니 다음과 같다. "30년 동안 검을 찾던 나그네여, 몇 차례나 잎이 떨어지고 얼마나 가지가 돋았던가? 한번 복사꽃을 본 이후로는 오늘에 이르기까지 다시는 의심하지 않게 되었네." 위산에게 이야기했더니 위산이 말하였다. "반연을 따라 깨닫게 되면 영원히 물러나거나 잃지 않으리니 잘 보호하고 간직하라."

　[어떤 스님이 현사에게 이야기하니 현사가 말하였다. "지당하기는 매우 지당하나 노형이 여전히 철저하지 못하다는 것을 감히 보증하노라." 대중들이 이 말을 의심하니 현사가 지장[160]에게 묻기를, "내가 이렇게 말했는데 그대는 어떠한가?" 지장이 말하였다. "나 계침이 아니었다면 천하 사람들을 죽게 만들었을 것이다"라 하였다.]

---

160) 나한 계침(867·928) 선사는 현사 사비 선사에게 가서 깨치게 되어 법을 받고 민성의 지장원에 18년 동안 주석했다. 그 뒤 장주 나한원으로 옮겨 가서 교화를 했기 때문에 지장 계침 혹은 나한 계침이라고 한다.

염송 拈頌

首山念이 頌하되 分明歷世三十春이언마는 因悟桃花色轉新이로다 人人盡得靈雲意라도 不識靈雲是何人이로다.
又頌하되 玄沙道處小人知라 密密相逢更莫疑하라 今古相傳親的旨하니 少年多是白頭兒로다.

수산념이 송하였다. 분명히 30년이 흘러갔건만 복사꽃에 깨친 인연 더욱 새롭다. 사람마다 영운의 뜻 알았다 하여도 영운이 누군지를 알지 못한다.
또 송하였다. 현사가 한 말을 아는 이 없으니 가만가만 만나거든 다시 의심하지 말라. 고금에 서로 전한 가장 분명한 뜻은 소년들 거의가 백발이 되리라는 것.

神鼎諲이 頌하되 傷嗟尋劒客이 桃花遇春開로다 靈雲一見處에 令我笑哈哈로다.

신정인이 송하였다. 애석하다 검을 찾는 나그네여, 복사꽃 봄을 맞아 피었다. 영운이 한 번 본 곳에 나를 빙그레 웃게 하네.

浮山遠이 頌하되 不是玄沙定紀綱이면 靈雲那得事全彰고 桃花覺了

咸皆委나 未徹何人共體量고 師子離群山岳靜이요 象王迴步海澄光이로다 二師不竝歸何處오 釣魚船上謝三郞이로다.

부산원이 송하였다. 현사가 기강을 세우지 않았더라면 영운의 일이 어찌 완전히 드러났으랴. 복사꽃인 줄 깨닫고서 모두가 안다고 하나 완전하지 못함을 몇 사람이나 함께 체득하고 헤아렸을까. 사자가 무리에서 벗어나니 산천이 고요하고 코끼리가 걸음을 옮길 때 바다는 맑고 밝다. 두 스님 어울리지 않고 어디로 갔는가? 낚싯대 위의 사삼랑(謝三郞)[161]이라.

投子靑이 頌하되 山前桃發故園春하니 花綻紅枝省此身이로다 證據謝君傍着力하니 笑顔雖展意生嗔이로다 煙鎖綠楊鸎囀緩이요 雨侵石笋倚空隣이라 金烏放去無消息하고 木馬嘶聲過漢秦이로다.

투자청이 송하였다. 옛 고향의 동산에 봄이 와서 산 앞에 복사꽃 피니 분홍 가지에 꽃망울 터질 때 이 몸을 발견했네. 그대(현사)가 딴 곳에 정신 쏟았음을 증거하노니 웃는 얼굴 활짝 피나 속으로는 성을 냈네. 안개 낀 푸른 버들엔 꾀꼬리 울음소리요, 비에 젖은 석순(石筍)[162]은 하늘 끝에 기대섰네. 금 까마귀 떠나간 뒤 소식이 없고 나무 말 우는 소리 한(漢)과 진(秦)을 지난다.

---

161) 사삼랑(謝三郞): 현사 사비 선사는 사씨(謝氏) 가문의 셋째 아들로서 출가하기 전에 낚시에 능했다. 그리하여 사삼랑이라 하며 낚시꾼을 부르는 말로 쓰였다.
162) 자연석의 길고 곧은 것을 화단에 세워 꾸민 돌을 말하며 그 모양이 마치 죽순과 같다 해서 쓴 표현이다. 여기서 공연히 하늘 끝에 기대섰다는 것은 지극히 고요함을 뜻한다.

薦福逸이 頌하되 春暖桃花處處紅하니 靈雲千古道還同이로다 玄沙留語叢禪問하니 南北東西路莫窮이로다.

천복일이 송하였다. 봄이 따뜻해 곳곳에 복사꽃 피니 영운은 천고에 도가 같았네. 현사가 남긴 말을 총림에서 문답하니 동서남북 사방에 막힘이 없도다.

蔣山泉이 頌하되 桃花開處忽伸眉하니 未徹玄沙也大奇로다 幾度狂風吹擺後에 依前似火萬千枝로다.

장산천이 송하였다. 복사꽃 피는 곳에 눈이 활짝 트이니 철저하지 못하다고한 현사 역시 크게 기이하도다. 몇 차례 광풍이 지나간 뒤에 여전히 천만 가지에 불이 붙은 듯.

天章楚가 頌하되 桃花春發幾多回어늘 何故今朝眼始開오 莫道靈雲曾悟了하라 老兄未徹試通來로다.
又頌하되 幾回落葉幾抽枝오 悟了還同未悟時로다 却謂玄沙重點眼이러니 至今衲子轉生疑로다.

천장초가 송하였다. 복사꽃 봄에 피기 몇 차례였는데 어째서 오늘에야 처음으로 눈을 떴나. 영운이 깨달았다고 말하지 말라 누형이 철저하지 못해 시험하러 왔도다
또 송하였다. 몇 차례나 잎이 지고 몇 번이나 싹이 났던가. 깨달은 뒤도 여전히 깨닫기 전과 같구나. 오히려 현사가 거듭 점안하였다 하더니 지금껏 납자들은 의심을 내고 있도다.

蔣山元이 頌하되 學劒彌年四海行하니 桃花大笑正春晴이로다 八千吳楚如龍虎오 一曲張良萬古名이로다.

장산원이 송하였다. 검술 배워 나이 차서 사방으로 다니니 복사꽃 활짝 피어 봄 날씨 한창이라. 8천 명의 오(吳)와 초(楚)의 군사는 용호(龍虎)와 같은데 한 곡조 장량(張良: 장자방)의 피리는 만고에 유명하구나.

翠嵓悅이 頌하되 桃花見後謂無疑러니 壯志由來本是伊로다 若問玄沙言未徹인댄 現前贓物自家知니라.

취암열이 송하였다. 복사꽃 본 뒤에 의심 없다 했더니 장한 뜻은 원래부터 그러하도다. 철저하지 못하다는 현사의 말을 묻는다면 눈앞의 장물들은 자기가 알도다.

道吾眞이 頌하되 靈雲桃花見親切하니 英俊超越古今哲이라 星蔟孤輪明皎潔이요 利刃精輝用無絶이로다 玄沙敢保君未徹하니 雲水休話个生滅하라 新羅打鐵燒却熱하야 磨礱還用三尺雪이로다.

도오진이 송하였다. 영운이 복사꽃 보기를 정겹게 하니 높은 자질은 고금의 철인을 초월하였네. 뭇 별 중의 외로운 달은 밝기가 교교하고 날카로운 칼날 맑은 빛은 활용이 끝이 없다. 현사가 철저하지 못함을 가지고 있다고 했으니 운수납자는 그러한 생멸 이야기는 그만두어라. 신라의 대장장이 달구고 태우다가 갈 때는 여전히 석 자짜리 흰 검을 쓰네.

黃龍南이 頌하되 二月三月景和融하니 遠近桃花樹樹紅이라 宗匠悟來
猶未徹이라 至今依舊笑春風이로다.

又頌하되 龍象相逢世不群하니 一來一去顯疎親이로다 時人不悟其中
旨하야 摘葉尋枝長客塵이로다.

又頌하되 一見桃花更不疑어늘 叢林未徹是兼非로다 須知一氣無私力
이 能令枯木更抽枝니라.

황룡남이 송하였다. 2·3월의 날씨가 화창해지니 여기저기 복사꽃 나무마다 붉었네. 종장이 깨달았지만 철저하지 못하여 지금껏 여전히 봄바람을 비웃도다.

또 송하였다. 용과 코끼리 서로 만나는 일 세상에 드무니 하나가 오고 하나가 가서 친소가 드러났네. 사람들은 그 속의 뜻 알지 못하여 잎 따며 가지 찾다 객지 때만 묻혔네.

또 송하였다. 한 번 복사꽃 보고는 다시 의심 없었거늘 총림에선 철저하지 못해 옳다 그르다 하는구나. 모름지기 한 기세의 사심 없는 힘이 능히 고목에서 다시 싹을 틔울 수 있음을 알아야 하리.

法眞一이 頌하되 歲歲桃花發舊枝하니 靈雲何事獨無疑오 祖師關捩
如能轉인댄 免被玄沙有後詞니라.

법진일이 송하였다. 해마다 복사꽃은 옛 가지에 피는데 영운은 어찌하여 혼자서 의심 없나. 조사의 관려자(關捩子)를 능히 굴릴 수만 있다면 현사의 뒷말은 면할 수 있으리라.

眞淨文이 頌하되 奇哉一見桃花後에 萬別千差更不疑로다 獨有玄沙

言未徹하니 子孫幾箇是男兒오.
又頌하되 昔日靈雲見悟時에 香苞紅蕚一枝枝로다 如今到處還開也라 陌上相逢說向誰오.

진정문이 송하였다. 기이하다, 복사꽃을 한번 본 뒤에 천만 가지 차별이 다시 의심 없었네. 유독 현사만이 철저하지 못하다 말하니 자손 중에 몇이나 대장부던가.
또 송하였다. 옛날에 영운이 오도했을 때 향기롭고 붉은 송이 가지마다 달렸네. 지금도 도처에 피어나는데 길에서 마주친들 누구에게 말하리오.

東林摠이 頌하되 桃花爭解悟靈雲고 自是靈雲見未眞이로다 一旦不疑疑底事는 平生知了了何因고 勞尋劒客近三紀하고 徒費流光幾十春고 翻笑玄沙言未徹하니 特敎千古後方新이로다.

동림총이 송하였다. 복사꽃이 어떻게 영운을 깨우치랴. 애초에 영운이 본 것은 진리가 아니었도다. 하루아침에 의심하지 않게 되었다는 의심스런 일을 평생토록 알았다 해도 무슨 연고인지 알겠는가? 수고로이 칼을 찾는 나그네는 3기(紀)[163]에 가까웠고 공연히 세월 보내기 몇 십 년이던가. 철저하지 못하다는 현사의 말 도리어 우스우나 유독 천고의 후생에겐 바야흐로 새롭도다.

保寧勇이 頌하되 萬年松下忽相逢하니 拔樹鳴條活活風이로다 堪笑晚來無覓處하니 崔嵬和雨在雲中이로다.

---

163) 기(紀)는 12년이니 3기(紀)는 36년을 말한다.

보녕용이 송하였다. 만년솔 밑에서 홀연히 상봉하니 나무 뽑고 가지 울리는 활발발한 바람이로다. 우습구나 만년에 찾을 곳 없으니 드높이 비와 함께 구름 속에 있도다.

崑山元이 頌하되 春去復春來하니 桃花依舊開라 縱然金屑貴나 落眼卽塵埃니라.

곤산원이 송하였다. 봄이 가고 다시 봄이 오니 복사꽃은 여전히 피었도다. 비록 금가루가 비록 귀하다 하나 눈에 떨어지면 곧 티끌이로다.

佛陁遜이 頌하되 年年二月見桃花라 此日相逢便到家로다 天下遊人尋未徹하니 如何拈却眼中沙오.

불타손이 송하였다. 해마다 2월이면 복사꽃을 보나니 이날 서로 만나 곧장 집으로 돌아간다. 천하에 노니는 사람 철저하지 못함을 찾아내니 어찌하면 눈 속의 모래를 끄집어낼까.

天童覺이 頌하되 靈雲悟桃花하고 玄沙傍不肯이라 昭昭然 此心分明하고 隱隱也 放身未穩이라 放得穩하니 八兩元來是半斤이라 鈎頭秤尾能平等이로다.

천동각이 송하였다. 영운은 복사꽃에서 깨달았고 현사는 곁에서 긍정하지 않았네. 소소하여 이 마음 분명하고 은은하여 몸을 놓아 쉴 곳이 없다. 놓아서 평온을 얻으니 여덟 냥은 원래 반근이어서 갈고리와 저울대 끝이 평등해졌도다.

佛迹琪가 頌하되 陌上櫻桃似錦紅하니 半隨流水半飄空이라 不知多少叅玄士가 悟得靈雲向上機오.

불적기가 송하였다. 길 위의 복사꽃 비단처럼 붉으니 반은 물을 따라 흐르고 반은 허공에 날리도다. 얼마나 많은 선객들이 영운의 향상의 근기 깨달을지 모르겠네.

覺範이 頌하되 靈雲一見不再見하니 紅白枝枝不着花로다 巨耐釣魚船上客이 却來平地搋魚蝦로다.

각범이 송하였다. 영운이 한번 보고는 다시 보지 않으니 붉고 흰 가지마다 꽃이 피지 않는다. 참지 못하는 고깃배의 낚시꾼은 도리어 평지에 와서 물고기와 새우를 낚네.

承天懷가 頌하되 蕚綠花紅艶曳時에 靈雲一見諦無疑로다 个中未徹昭昭處에 特許玄沙作者知라.

승천회가 송하였다. 푸른 망울 붉은 꽃 아름다움이 당길 때에 영운이 한번 보자 의심이 없어졌네. 그 가운데 철저하지 못한 밝고 밝은 곳은 유독 현사라는 작자만이 알았다고 할 만하네.

雪溪益이 頌하되 武陵日暖花又開하니 依舊去年花落處로다 溪頭行客空徘徊하니 青煙不鏁來時路로다 波渺渺兮水瀰瀰이라 謝家人不在漁磯로다 桃紅李白薔微紫하니 問着春風自不知로다.

영운도화 197

삽계익이 송하였다. 무릉에 날 따습고 꽃 다시 피어나니 여전히 작년에 꽃이 졌던 자리일세. 개울가 나그네는 공연히 배회하니 푸른 안개는 오던 길 잠그지 못하네. 파도는 그지없고 물은 가득하니 사씨네 사람은 낚시터에 없구나. 복사 붉고 오얏 희고 장미 자줏빛 이치를 봄바람에 물어도 도무지 알지 못하네.

崇勝珙이 頌하되 春來在處百花芳이라 獨有靈雲見異常이라 縱待桃花紅勝錦이나 爭如有麝自然香고 自然香이여 要須入水見人長이라.

숭승공이 송하였다. 봄이 오니 어디나 꽃들이 예쁘건만 영운만이 보기를 남달리 하였구나. 복사꽃이 아무리 비단보다 붉어도 사향을 지녀 절로 향기 나는 것만 같으랴. 자연히 향기 난다 함이여, 물에 들어가야 사람의 장점을 알 수 있을지니라.

圜悟勤이 頌하되 陌上笑春風하고 枝頭漏消息이라 紅光爍大虛하니 豈借陽和力이리오.

又頌하되 學劒宗師旣不疑어늘 玄沙未徹最新奇로다 掃除學路刮肌骨하니 格外之機如電拂이로다.

원오근이 송하였다. 언덕 위에서 봄바람을 반기고 가지 끝에서 소식을 누설하네. 붉은 빛이 온 누리를 밝히니 어찌 봄 날씨의 힘을 빌리랴.

또 송하였다. 검을 배운 종사는 이미 의심 없었거늘 현사의 철저하지 못하단 말 가장 신기하구나. 배움의 길 다 버리고 살과 뼈도 깎아내니 격외의 기틀 번개처럼 번뜩이네.

佛眼遠이 頌하되 春來依舊一枝枝여 同地同天道不疑로다 未徹之言
人莫問하라 令予特地笑嘻嘻로다.

불안청이 송하였다. 봄이 오니 의구한 낱낱의 가지로다. 같은 땅 같은 하늘 의심하지
않노라. 철저하지 못하단 말 묻지를 말지어다. 나를 유독 희희하고 웃게 만들도다.

雲門杲가 頌하되 惣道見桃花悟道나 此語不知還是無아 茫茫宇宙人
無數하니 那个男兒是丈夫오.
又頌하되 打破鬼門關하니 日輪正當午로다 一箭中紅心하니 大地無寸
土로다. [頌玄沙未徹之語라]

운문고가 송하였다. 복사꽃 보고 오도했다 다들 말하나 이 말이 옳은지 알 수 없도다.
끝없는 우주에는 사람이 많으니 어느 남아가 대장부이던가.
또 송하였다. 귀신의 관문을 쳐부수니 해는 정오가 되었도다. 한 화살로 붉은 꽃심
을 맞히니 온 누리엔 한 치의 땅도 없도다. [현사의 '철저하지 못하다'는 말을 송한
것이다.]

竹庵珪가 頌하되 桃花尋劍客이 不語笑春風이라 白頭歸未得하고 家住
海門東이라.
又頌하되 敢保老兄猶未徹이라하니 玄沙之言何大切고 君看陌上桃花
紅하라 盡是離人眼中血이라.

죽암규가 송하였다. 복사꽃에서 검을 찾던 나그네가 말없이 봄바람에 웃고 있도다. 흰
머리가 되도록 돌아가지 못하니 집이 해문(海門)의 동쪽에 있네.
또 송하였다. 노형은 여전히 철저하지 못하다고 감히 장담한다 했으니 현사의 이말

어찌 그리 간절한고. 그대는 언덕 위의 복사꽃을 보아라. 모두가 집 떠난 사람들의 피눈물이니라.

牧庵忠이 頌하되 灼灼夭桃笑臉紅하니 靈雲一覩悟眞空이라 玄沙檢點閑多口라 土上加泥又一重이라.

목암충이 송하였다. 불붙는 복사꽃이 웃는 뺨에 비치니 영운이 한 번 보자 진공(眞空)을 깨쳤도다. 현사가 점검하고 군소리가 많았으니 흙 위에다 진흙 얹어 또 한 겹이 되었네.

白雲昺이 頌하되 二月桃花爛熳時에 靈雲一見更無疑로다 玄沙未徹誰相委오 鼻孔從來向下垂니라.

백운병이 송하였다. 2월의 복사꽃이 흐드러질 때 영운이 한 번 보곤 다시 의심 없었네. 현사의 철저하지 못하단 말 누가 잘 알겠는가. 콧구멍은 원래 아래로 뚫렸도다.

心聞賁이 頌하되 識得玄沙搊捏機하니 更無一片逐風飛로다 山南山北紅如錦하니 惆悵劉郎未得歸로다.

심문분이 송하였다. 현사의 가지고 노는 솜씨를 알고 난 뒤엔 다시금 한 조각도 바람 좇아 나는 게 없다. 산의 남쪽과 북쪽 비단같이 붉으니 서글픈 유랑(劉郎)[164]은 돌아

---

164) 유랑(劉郞): 유신(劉晨)을 말한다. 후한 때 유신과 완조(阮肇) 두 사람은 천태산으로 약을 캐러 갔다

가지 못하네.

無用全이 頌하되 靈雲一見兩眉橫하니 引得漁翁良計生이라 白浪起時抛一釣하니 任敎魚鼈競頭爭이로다.

무용전이 송하였다. 영운이 한번 보고 양미간을 비끼니 어부(현사)는 묘한 꾀를 내게 되었네. 흰 파도 솟구칠 때 낚시를 던져 고기와 자라 마음대로 다투게 하리라.

妙智廓이 頌하되 師子游行無伴侶하고 象王蹴踏絶狐蹤이라 陽春轉入胡笳曲하니 不是風吹別調中가.

묘지곽이 송하였다. 사자가 다닐 땐 동료가 전혀 없고 코끼리가 가는 곳엔 여우 자취 끊어지네. 양춘(陽春)[165]이 피리[호가(胡笳)]에 섞여 드니 바람결에 딴 곡조로 변한 것 아닐런가.

介庵朋이 頌하되 靈雲諦當甚分明이어늘 突出玄沙鬼眼睛이라 野店解

가 길을 잃고 13일 동안 복숭아를 따먹고 물을 마시며 버텼다. 물에 무잎과 호마반 한 그릇이 떠내려 오는 것을 보고 가까운 곳에 인가가 있음을 짐작하고 물을 건너 산을 넘어가니 두 미녀가 나타나 친절히 맞이하여 반년 동안 동거하였다는 고사가 있다. 이후 '유랑'은 유녀(遊女)에 빠져있는 난봉꾼이라는 뜻으로 쓰이기도 했는데 여기서는 복숭아를 통한 깨달음에 취해서 현실로 돌아올 줄 모른다는 의미로 쓰였다.

165) 양춘곡(陽春曲)은 초(楚)나라의 곡으로 고상한 곡을 대표하며, 호가(胡笳)는 북방 호족들이 풀잎을 말아서 부는 피리를 말한다.

貂沽酒處에 隔簾聞得賣花聲이라.

개암붕이 송하였다. 영운은 지당하고 심히 분명했거든 돌연히 나온 현사는 귀신의 눈이로다. 주막에서 담비 옷 주고 술을 사는데 주렴 넘어 꽃 파는 소리 들리네.

知非子가 頌하되 三十載妄驅馳러니 逢落葉幾抽枝오 永無退失善護持하라 一見桃花更不疑로다.

지비자가 송하였다. 30년을 허망하게 설쳤으니 잎 지고 싹 돋기가 몇 번이던가. 영원히 잃지 말고 잘 보호해 간직하라. 복사꽃 한 번 보곤 다시 의심 않았도다.

無爲子가 頌하되 靈雲偶爾見桃花하고 二十年來得到家로다 何事玄沙未相保오 枯根株上別抽芽로다.

무위자가 송하였다. 영운은 우연히 복사꽃을 보고 20년 만에 본고향에 돌아왔네. 어째서 현사는 서로 보장 않았던가. 말라빠진 뿌리에서 새싹이 돋는구나.

悅齋居士가 頌하되 靈雲端的見桃花러니 更遇玄沙老作家로다 暗把愁腸輸寫了하야 相邀來喫趙州茶로다.

열재거사가 송하였다. 영운은 명확하게 복사꽃을 보았는데 다시금 노작가인 현사를 만났도다. 은근히 시름하던 창자를 움켜쥐고 힘써 써마쳤으니 서로 청해 와서 조주차를 마시도다.

雪竇顯이 擧三十年來尋劒客이라하니 師云하되 有麼아 有麼아 幾回落葉又抽枝라하니 師云하되 衲僧眼光을 失却了也로다 自從一見桃花後라하니 師云하되 塡溝塞壑이로다 直至如今更不疑라하니 師云하되 敗軍之將이로다하니 以拄杖卓地一下云하되 看하라하다.

설두현이 "30년 동안 검을 찾은 나그네야" 한 것을 들어 말하였다. "있는가? 있는가?" "몇 차례나 잎이 지고 가지가 돋았던고?" 한 것을 들어 말하였다. "납자의 안광을 잃었도다." "복사꽃을 한 차례 본 뒤로는" 한 것을 들어 말하였다. "구덩이를 메우고 골짜기를 막는다." "지금까지 다시는 근심하지 않는다." 한 것을 들어 말하였다. "전쟁에 진 장수로다." 주장자로 땅을 한번 내려치고는 말하였다. "보라"

法華擧가 到大愚芝處하니 愚問古人見桃花고한대 意作麼生고한대 曰曲不藏直이니 云那個는 且從이어니와 這個는 作麼生고한대 曰大街에 拾得金하니 四隣이 爭得知리오하다 云上座가 還知麼한대 曰路逢劒客須呈劒이요 不是詩人不獻詩니다하니 云作家詩客이로다한대 曰一條紅線兩人牽이로다하다 云玄沙道諦當甚諦當이라하니 又作麼生고한대 曰海枯終見底나 人死不知心이라하다 云却是로다한대 曰樓閣은 凌雲勢오 峰巒은 疊翠層이라하고 復呈頌曰하되 鳳返自騰霄漢去하고 靈雲桃樹에 老鵶捿로다 古今休頌桃花意하라 天上人間不可陪라하다.

법화거가 대우지에게 갔더니 대우가 물었다. "옛사람이 복사꽃을 본 뜻이 무엇인가?" 선사가 대답했다. "굽은 것은 곧은 것을 감추지 못합니다." 대우가 다시 물었다. "그것은 그렇다 하겠지만 이것은 어떠한가?" 선사가 말하였다. "큰 거리에서 금을 주우니 이웃 사람 누가 알리요." 대우가 다시 물었다. "그대는 알고 있는가?" 선사가 말하였다. "길에서 검객을 만나거든 검을 바치고 시인이 아니거든 시를 바치지 말아야 합니다." 대우가 말하였다. "작가인 시객이로다." 선사가 말하였다. "한 가닥의 붉은 선을 두 사람이 끕니다." 대우가 물었다. "현사가 말한 '지당하기는 지당하나 ……'라는 것은 또 어떠한고?" 선사가 대답했다. "바다는 마르면 마침내 밑이 보이나 사람은 죽어도 마음을 알 수 없습니다." 대우가 말했다. "옳은 말이로다." 선사가 말하였다. "누각은 구름을 능가할 기세요, 산봉우리는 푸른 빛을 겹쳤습니다." 다시 게송을 바쳤다. "봉황은 스스로 은하수로 날아올랐고 영운의 복숭아 나무엔 늙은 까마귀가 앉았도다. 고금의 사람들 복사꽃의 뜻을 읊지 말지니 하늘이나 세간에 보탤 바 없도다."

長蘆賾이 上堂云하되 至哉아 學道是靈雲이라 不歷年華三十春하고 一悟更無心外法이나 桃花滿眼落紛紛이로다 然雖如是나 等閑飄入眼하야 特地出還難이로다하다.

장로색이 상당하여 말하였다. 지극하도다. 도를 배우는 이는 영운이구나. 30년의 세월을 보내지 않고도 한 번 깨닫자 다시는 마음 밖의 법이 없다 했으나 복사꽃은 눈에 가득 분분히 떨어지도다. 그러나 비록 이러하나 공연히 사람의 눈으로 달려 들어오더니 꺼내기 몹시도 어렵게 하는구나.

保寧勇이 上堂擧此話云하되 且道하라 靈雲이 畢竟見什麽道理오 莫是悟得个萬法不生不滅하고 無去無來空寂之理麽아 若與麽인댄 何曾悟在리오 秖如玄沙恁麽道가 爲復是肯他아 不肯他아 若道肯他인댄 玄沙眼在什麽處며 若道不肯他인댄 靈雲過在什麽處오 衆中商量解會가 極多하니 所以로 千聞不如一見이로다 保寧도 亦敢保諸人未徹在라하

노니 且聽一頌하라 靈雲忽爾見桃花하니 賴遇玄沙是作家로다 此話古今應不墜어늘 任他雲水走天涯로다하다.

보녕용이 상당하여 이 이야기를 들어 말하였다. 말해보라. 영운이 끝내 무슨 도리를 보았는가? 만 가지 법이 나지도 않고 멸하지도 않으며 가지도 않고 오지도 않는 공적한 진리를 깨달은 것이 아니겠는가? 만일 이러하면 어찌 일찍이 깨달음이 있단 말인가. 현사의 그러한 언급 같은 경우에는 그를 긍정한 것인가, 긍정하지 않은 것인가. 만일 긍정했다면 현사의 안목이 어디에 있으며, 만일 긍정하지 않았다면 영운의 허물이 어디에 있는가? 대중가운데 따져 이해하려는 이가 매우 많으니 이런 까닭에 '천 번 듣는 것이 한 번 보는 것만 못하다'고 하는 것이다. 나 보녕 역시 여러분이 철저하지 못하는 것을 감히 보증하노니 나의 한 게송을 들어보라. 영운이 갑자기 복사꽃을 보았지만 작가인 현사를 만난 것이 다행이었네. 이 이야기는 고금에 떨어지지 않겠거늘 저 납자들 제멋대로 하늘가를 달리게 두라.

天童覺이 小叅에 僧問하되 靈雲悟桃花意旨如何오한대 師云하되 眼力不到處에 靈雲却合頭니라하다 僧云하되 正是靑天白日이라한대 師云하되 靈雲見處는 作麼生고하니 僧云하되 一見桃花하니 未免眼中着屑이라하다 師云하되 上座眼裏에 還有筋也無아한대 僧云하되 而今에 不打這皷笛하라하니 師云하되 瞎驢趁大隊로다하다 僧云하되 只如玄沙가 爲什麼却道諦當甚諦當이니 敢保老兄未徹在닛고한대 師云하되 箇是衲僧迴互底時節이라하니 僧云也是臘月扇子라하다 師乃云하되 靈雲見桃花悟道를 盡道하되 卽物契神하고 託事顯物이라하니 是什麼說話오 到者裏하야 拈却一切眼하고 放下一切身하고 通身伊麼來니 徹底伊麼見하야사 方與自己心通하고 萬像體合하리라하다.

천동각이 소참 때 어떤 스님이 물었다. "영운이 복사꽃을 보고 깨친 뜻이 어떤 것입니까?" 선사가 대답했다. "시력이 미치지 못하는 곳에 영운이 부합했었느니라." 스님이 말하였다. "그러면 맑은 하늘에 밝은 해이겠습니다." 그러자 선사가 물었다. "영운의 견처(見處)는 어떠한고?" "복사꽃을 한 번 보니 눈에 티가 묻음을 면치 못했습니다." 선사가 물었다. "그대의 눈에도 힘줄이 있는가?" 스님이 말하였다. "지금 이 북과 피리를 치지 마십시오" 선사가 말하였다. "눈먼 나귀가 제 무리를 뒤쫓는구나." 스님이 물었다. "현사는 어째서 '지당하기는 매우 지당하나 노형이 아직 철저하지 못함을 보증할 수 있다'고 했습니까?" 선사가 대답했다. "이는 납자가 회호(廻互)하는 시절이니라." 스님이 말하였다. "이 역시 섣달의 부채와 같습니다." 선사가 이어 말하였다. "영운이 복사꽃을 보고 도를 깨달은 것을 두고 모두가 '사물에 즉하여 정신을 드러내고 현실에 의탁하여 만물을 드러낸 것이다'라고 하는데 이 무슨 이야기인가? 여기에 이르러서는 일체의 눈을 들어 올리고 일체의 몸을 내려놓고 온몸으로 이렇게 오고 바닥까지 이렇게 보아야 비로소 자기의 마음과 통하고 만상의 본체와 부합하리라."

雪峯了가 上堂云하되 爛熳桃花發하니 靈雲笑不休라 春風香滿路하니 花在舊枝頭로다 正恁麽時에 諦當甚諦當이어늘 玄沙爲什麽하야 却道敢保老兄未徹在오 還會麽아 梵志翻着襪하니 時人盡道錯이로다 寧可刺你眼이언정 不可隱我脚이니라하다.

설봉료가 상당하여 말하였다. 복사꽃 흐드러지게 피니 영운의 웃음이 그치지 않는구나. 봄바람에 향기는 길에 가득하니 꽃은 옛 가지에 달려 있도다. 바로 이럴 때에 지당하기는 심히 지당하거늘 현사는 어찌하여 '노형이 철저하지 못함을 감히 보장하노라'라고 하였을까? 알겠는가? 범지(梵志)[166]가 버선을 뒤집어 신으니 사람들 모두가 틀렸다 하는구나. 차라리 그대의 눈을 찌를지언정 내 다리는 숨길 수 없느니라.

雲臺靜이 上堂云하되 二月桃花處處開하니 風吹片片落莓苔로다 靈雲賺殺他家子하니 直至如今滿肚猜이로다 昔日靈雲和尙이 在衆三十年에 無入頭處러니 偶因一日에 出行하야 遇見桃花하고 忽然悟道라 乃有頌云云하니 大衆아 只如靈雲老漢與麽語話가 還得無疑也未아 所以道하되 說食이 不當飽오 畫餠不充飢라 口頭聲色이 有什麽憑准이리오 一百五十年來에 放過하야 無人檢點他로다 雲臺가 今日道하노니 靈雲老漢이 當時에 雖然得箇入處나 也不免被桃花眼裏穿來穿去로다하다.

운대정이 상당하여 말하였다. 2월에 복사꽃이 곳곳에 피니 바람 불자 조각조각 이끼 위에 떨어진다. 영운이 다른 사람들을 몹시 속인 뒤에 지금껏 배에 가득 의심을 품고 있다. 옛날에 영운화상이 대중들과 있기를 30년에 깨달은 바가 없더니, 우연히 어느 날 밖에 나갔다가 복사꽃을 보고 홀연히 도를 깨닫고는 게송 읊었으니 대중들아, 영운 노장의 그런 이야기가 의심을 사지 않을 수가 있겠는가? 그러므로 '밥을 이야기해도 배가 부르지 않고 그림의 떡으로는 주린 배를 채울 수 없다'고 하였으니 입으로 지껄이는 빛과 소리로 어떻게 표준을 대겠는가? 150년 동안 던져 두고 아무도 그를 점검하지 않았구나. 나 운대가 오늘 말하노니 영운 노장이 당시에 비록 깨달아 들기는 했으나 복사꽃에 눈을 찔리는 꼴을 면치는 못했도다.

---

166) 범지(梵志): 인도의 카스트 신분제도의 신분 가운데 가장 높은 위치인 승려 계급으로 '브라만'이라고도 한다.

雪竇寧이 拈하되 然則涅槃心은 易曉어니와 差別智는 難明이라 靈雲見處는 則且置하고 只如玄沙恁麽道는 落在什麽處오하고 良久云하되 曾爲浪客偏憐客이요 爲愛貪盃惜醉人이로다하다.

설두녕이 염하였다. 그런즉 열반묘심은 깨치기 쉽거니와 차별지는 밝히기 어렵다. 영운이 본 곳은 그만두고 현사가 그렇게 말한 낙처는 무엇인가? 양구했다가 말하였다. 일찍이 방랑 생활을 했기에 나그네를 더욱 가엾이 여기고 지나치게 술을 탐하였기에 취한 사람을 아끼느니라.

大平演이 拈하되 說甚麽諦當고 更叅三十年이라사 始得다하다.

태평연이 염하였다. 무엇을 지당하다고 하는가? 다시 30년을 참구하여야 옳다.

慈受가 上堂擧此話云하되 且道하라 那裏是靈雲未徹處오 頂門具眼底는 擧着便知어니와 腦後安眉者는 猶懷罔措로다 還會麽아 三十年來信脚行이러니 一朝跳過是非坑이로다 桃花歲歲隨流水어늘 一任傍人把路爭이로다하다.

자수가 상당하여 이 이야기를 들어 말하였다. 말해 보라. 어디가 영운이 철저하지 못한 곳인가? 정수리에 눈을 갖춘 이는 듣자마자 알겠지만 뒤통수에 눈썹이 달린 이는 여전히 망설일 것이다. 도리어 알겠는가? 30년 동안 발길 따라 다녔더니 하루아침에 시비의 구덩이를 뛰어넘었다. 복사꽃은 해마다 물결 따라 흐르고 곁의 사람에게 일임하여 갈 길 두고 다투게 한다.

蔣山勤이 拈하되 千鈞之弩는 不爲鼷鼠而發機라 靈雲旣撥動天關하고 玄沙乃掀翻地軸이라 且道하라 那个是未徹處오 具透關眼者는 試請辨看하라하다.

又拈하되 唱彌高和彌寡하니 雪曲陽春이로다 殺人刀活人劍은 利物之要어늘 有般底는 尙拘聞見하고 隨語作解하야 便說相謾하고 殊不知日下孤燈이 已失光焰로다 畢竟什麽處是未徹處오 壺中日月長이로다하다.

장산근이 염하였다. 3천 근의 쇠뇌로 생쥐를 쏘지 않는다. 영운은 이미 하늘 관문을 흔들었고 현사는 다시 땅의 축을 흔들어 엎었다. 말해 보라. 어디가 철저하지 못한 곳인가? 관문을 꿰뚫는 안목을 가진 이는 가려내 보라.

또 염하였다. 노래가 고상할수록 화답하는 이가 더욱 드무니 설곡(雪曲)과 양춘곡(陽春曲)이로다. 살인도와 활인검은 만물을 이롭게 하는 요체이거늘 어떤 이는 아직도 보고 듣는 데 걸려서 말을 따라 알음알이를 내어 '서로 속이는 말이라' 하니, 한낮의 외로운 등불이 이미 광채를 잃은 줄 전혀 모른다. 필경에 어디가 철저하지 못한 곳인가? 항아리 속의 세월이 장구하도다.

白雲昺이 拈하되 靈雲悟處는 窮盡萬法根源이오 玄沙稱提는 坐斷千差要路로다 一舒一卷하고 一唱一酬하니 大似把手上高山이로다 雖然如是나 路逢劍客須呈劍이오 不是詩人不獻詩니라하다.

백운병이 염하였다. 영운이 깨달은 곳은 만법의 근원을 끝까지 궁구한 것이오, 현사가 제창한 것은 앉아서 천 가지 차별된 길목을 끊은 것이다. 하나는 펴고 하나는 말았으며, 하나는 부르고 하나는 대꾸하니, 마치 손을 맞잡고 산에 오르는 것 같도다. 비록 그러하나 길에서 검객을 만나거든 모름지기 검을 바칠 것이오, 시인이 아니거든 시를 바치지 말지니라.

염송설화 拈頌說話

[桃花] 見桃花悟道者 悟處不在桃花上也 三十年來尋釖客者 刻舟求釖 義則枉用功夫也 又路逢釖客須呈釖 則尋師訪道爲条禪也 幾回落葉云云者 虛開虛落也 自從一見至更不疑者 徹底無疑也 從緣悟達云云者 事上得者 其力麁也 大慧云 閙裏撞翻靜地消息 其力勝於竹倚蒲團 千萬億倍

- 首山 只道靈雲悟道 不會靈雲意也 又頌 少年多是白頭兒者 却是遷變 何曾會靈雲玄沙意

- 雲門 若道靈雲伊麽會 便不是了也 又頌 鬼關者 涯州在何處云云 深遠過不得處 靈雲悟處也 下明玄沙意

- 竹庵云云春風者 言桃花之狀也 白頭歸未得云云者 靈雲雖然悟得 猶未歸家 家在甚處 在海門東 海門東即用也 前桃花不語笑春風是靈雲悟不得處也

- 又頌云云君看陌上桃花云云者 靈雲見處一塲愁悶故也

- 雪竇 有麽有麽者 有伊麽事也 眼光失却者 爲什麽不悟 塡溝塞壑者 才有悟處 已有狼籍也 敗軍之將者 伊麽道早已敗闕也不少 以柱杖卓

地者 不落靈雲地

- 法華 曲不藏直者 靈雲伊麽悟去 是曲直現前 則不肯靈雲悟處也 那箇即靈雲底也 這箇 即法華地也 大街拾得金云云者 途中受用 餘人不知也 路逢釼客云云者 與靈雲一伊麽一不伊麽相見 故云一條紅線兩人牽也 玄沙至不知心者 亦不以言句知玄沙意也 樓閣云云者 玄沙意直是勦絕也 鳳返云云者 靈雲玄沙意 不在言句上 而諸人隨言尋討也 古今休頌云云者 莫向語脉裏轉却也 二師意終不在此限

- 長蘆 至哉至三十春者 靈雲悟處 豈非今日悟也 一悟云云者 滿眼桃花不是心外法也 等閑云云者 所見猶在則不是也

- 保寧 萬法不生云云者 不道不是 若伊麽會 便不是了也 玄沙肯他 不肯云云者 玄沙非別行一路要圓前話也 解會極多者 隨言定旨也 頌上二句 言靈雲 若不得玄沙 一生受屈也 此話云云者 得玄沙然後 古今不墜 爭奈時人不會隨言走殺何

- 天童 眼力不到處云云者 豈不是不生不滅空寂之體也 正是青天白日者 澄清絕點 肎靈雲不肯靈雲 一見桃花云云者 不肎也 而今不打這皷笛者 不似靈雲弄閑家具也 瞎驢趂大隊者 這僧伊麽道無辨白也 回互地時節者 一伊麽一不伊麽也 臘月扇子者 回互手段 是臘月扇子也 這漢意 畢竟不放過靈雲玄沙也 師乃云云者 靈雲見處 則即色明心 付物現理 師乃過爾也 拈却一切眼 放下一切身 便是安身立命處 則從前玄沙底 便是剩法

- 雪峯 爛熳云云者 靈雲悟處 非一飜著襪也 寧可刺你眼云云者 花在舊枝頭則紛紛然刺眼然 不是過也 然則全是我眼脚

- 雲臺 二月云云者 千片萬片狼狼籍籍處恰好 靈雲悟去 未得無事 爭得

無疑也 有頌云云者 只是認得聲色也 雖然得箇入處云云者 見解如是故 未免桃花穿却

- 雪竇 靈雲悟處 似欠差別智也 曾爲浪客云云者 以己方人也 然則玄沙曾有此病靈雲見處豈是病

- 大平 玄沙云諦當云云 猶是放過也 更叅三十年者 須知有向上一竅 謂未出三十年故

- 慈受 頂門具眼云云者 知靈雲悟處徹底也 腦後云云者 謂無辨白 無辨白者 隨言生解也 三十年至非坑者 靈雲悟處徹底無疑也 桃花歲歲云云者 非悟處一向空寂也 一任傍人云云者 如玄沙地者 是傍人也

- 蔣山 千鈞之弩 則玄沙地也 不爲云云者 必爲上根人發也 撥動云云者 據欵結案也 那箇云云者 旣曰不爲鼷鼠 則豈爲未徹也 透關眼者 方知靈雲玄沙也

- 又拈 靈雲唱玄沙和者 是雪曲陽春也 殺人刀則靈雲也 活人釖則玄沙也 二人伊麼皆爲利物也 隨語生解地 未免矛盾故 便說相謾 是日下孤燈也 壺中日月長 靈雲悟處也 豈非隨語生解者 所不知處也

11 여사미거 마사도래 驢事未去 馬事到來

《선문염송》제15권 592. 여사(驢事)

古則
고칙

靈雲이 因僧問하되 如何是佛法大意닛고한대 師云하되 驢事未去에 馬事到來로다하니 僧이 未喩旨하야 再請垂示어늘 師云하되 彩氣夜常動이요 精靈日少逢이니라.

영운이 한 스님이 "무엇이 불법대의입니까?"라는 질문으로 인하여 선사가 말하였다. "나귀 일이 가기 전에 말의 일이 왔도다." 스님이 종지를 알지 못하여 다시 알려주길 청하니 선사가 말하였다. "채색 기운은 밤에 항상 움직이고, 정령은 낮에 만나지 않는다."

염송 拈頌

蔣山泉이 頌하되 驢事未去馬事來하니 鐘聲才斷皷聲催로다 祖師愛喫和蘿飯하니 北有文殊在五臺로다.

장산천이 송하였다. 나귀의 일이 가기 전에 말의 일이 닥쳐오니 종소리 끝나자마자 북소리 재촉한다. 조사가 비빔밥을 즐겨 먹으니 북쪽의 오대산엔 문수가 있다.

保寧勇이 頌하되 東行不見西行利하고 南頭買賤北賣貴로다 橫千竪百筭河沙하니 九九翻成八十二로다.

보녕용이 송하였다. 동쪽으로 갈 때는 서쪽의 이익을 보지 못하고 남쪽에서 천하게 사서 북쪽에서 귀하게 판다. 가로는 천이요, 세로는 백이라 하여 항하사를 세나니, 9·9는 도리어 82가 되었네.

育王諶이 頌하되 驢事未去馬事來하니 去來未免涉塵埃로다 爭似寒山逢拾得하야 相逢撫掌笑哈哈리오.

육왕심이 송하였다. 나귀의 일이 가기 전에 말의 일이 닥쳐오니 가고 옴에 먼지 티끌 밟기 면하지 못하리. 어찌 한산이 습득을 만나서 손뼉치고 깔깔대며 웃은 것과 같겠는가?

心聞賁이 頌하되 驢前馬後識靈雲하니 滿眼風埃絕點塵이로다 行遍天台并鴈蕩하고 歸來重看錦江春이로다.

심문분이 송하였다. 나귀의 앞과 말의 뒤에서 영운을 아니, 눈앞에 가득한 바람결엔 먼지 하나 없도다. 천태산(天台山)과 안탕산(鴈蕩山)을 두루 다녀서, 돌아오니 또다시 금강(錦江)의 봄을 구경하네.

염송설화 拈頌說話

[驢事] 驢事馬事去來者 世間常事答得耶 驢事馬事去來紛然處 須是會得靈雲意 一生行脚事畢 所以驢事馬事意 不無也 彩氣夜常動云云者 事實意 則驢事馬事走殺故 精靈少逢 精靈者 不落文彩地也 此義非也 當驢事馬事去來地時節 須是識得精靈 可以喩旨也

- 蔣山云云聲催者 一般語也 祖師云云者 飯前云 驢事馬事 鍾聲皷聲是 雜也 是祖師行李處也 和羅飯者 古云馬鳴說法之暇 兼善和羅之伎 和羅 此云雜也 又云鉢也 具云鉢和羅則鉢飯也 又他處云 雜飯也 北有云云者 離念淸淨云云意相隨來也

- 保寧 東行至河沙者 明許多般也 九九云云者 筭數不得也

- 育王云云塵埃者 似全涉去來故 涉塵埃也 爭似云云者 證化同時之義 非取此義也 見他涉塵埃之意

12 덕산탁발화 德山托鉢話

《선문염송》제17권 668. 탁발(托鉢)

古則 고칙

德山이 一日에 飯遲어늘 自托鉢至法堂上이러니 雪峯이 見云하되 這老漢이 鐘未鳴皷未響이어늘 托鉢向什麽處去오하니 師便迴어늘 峯이 擧似巖頭하니 頭云하되 大小德山이 不會末後句로다하다 師聞擧하고 令侍者로 喚巖頭至方丈하야 問汝不肯老僧耶아한대 頭가 遂密啓其意라 師至明日에 上堂에 與尋常不同이어늘 頭가 到僧堂前하야 撫掌大笑云하되 且喜得老漢이 會末後句로다 他後에 天下人이 不奈何하리라 雖然如此나 只得三年이로다하다 [本錄云하되 果三年遷化라하다]

덕산이 어느 날 밥이 늦자 손수 발우를 들고 법당으로 올라가는데 설봉이 보고 말했다. "이 노장이 종도 치지 않고 북도 울리지 않았거늘 발우를 들고 어디를 가는 겁니까?" 덕산이 바로 돌아갔다.

설봉이 암두에게 이 이야기를 했더니, 암두가 말했다. "보잘 것 없는 덕산이 말후구(末後句: 최후의 한마디)[167]를 알지 못하는구나." 덕산이 이야기를 듣고 시자로 하여금 암두를 불러 방장(方丈)에 이르게 하여 물었다. "그대는 노승을 긍정치 않는가?" 암두가 은밀하게 자신의 뜻을 열어보였다.

덕산이 다음 날 상당하여 평상시와 같지 않았으니 암두가 승당 앞에서 손뼉을 치고 크게 웃으며 말하였다. "노장이 말후구를 알게 된 것이 기쁘다. 이 후로는 천하 사람들이 어찌할 수 없으리라. 비록 그러하나 겨우 3년뿐이로다." [본록(本錄)에 말하기를 "과연 3년 뒤에 입적했다"고 되어 있다.]

---

167) 말후구(末後句): 말후일구(末後一句)를 줄여서 말후구라고 한다. 말후(末後)는 구경(究竟)·필경(畢竟)·구극(究極)·지극(至極)의 뜻이다. 구(句)는 언구(言句)·문구(文句)의 뜻으로 종문(宗門)의 활구(活句)를 말한다. 대오철저(大悟徹底)한 극치(極致)에 이르러 지극한 말을 토(吐)하는 것이다.《불교용어사전》참조.

보론 補論

1. 성철 선사,《무엇이 너의 본래면목인가? (본지풍광) (1)》

"이것이 그 천고에 유명한 종문(宗門)의 높고도 깊은 법문 '덕산탁발화'입니다. 어떻게 보면 꼭 어린애들 장난 같지만 삼세제불과 역대 조사의 골수가 이 법문 속에 다 있습니다. 만약 누구든 이 법문 속에서 바로 눈을 뜬다면 천상천하에 임의자재(任意自在)해서 모든 살활(殺活)과 권실(權實)이 자유자재하지 않을 수 없게 되는 것입니다."

성철 선사의 답

犀因玩月紋生角(서인완월문생각)이요,
象被雷驚花入牙(상피뇌경화입아)로다.

물소가 달을 구경하니 문재가 뿔에서 나고,
코끼리가 뇌성에 놀라니 꽃과 이빨 사이에 들어간다.

2. 진제 선사, 《고담녹월》

"덕산탁발화 이 공안은 백천 공안 가운데 가장 알기가 어려운 법문이라, 천하 선지식도 바로 보기 어려움이로다. 이 공안을 바로 보는 눈이 열려야 대오견성을 했다고 인정함이로다."

진제 선사의 답

馬駒踏殺天下人(마구답살천하인)하니,
臨濟未是白拈賊(임제미시백염적)이로다.

한 망아지가 천하 사람을 밟아 죽이니,
그 위대한 임제 선사도 백염적(白拈賊)이 되지 못함이로다.

염송 拈頌

大覺璉이 頌하되 魚皷未鳴何處去오 一歸方丈便休休로다 茶毗後品
難陳敍라 泣盡人天不擧頭로다.

대각련이 송하였다. 목어와 북이 아직 울리지 않았는데 어디로 가는가? 한번 방장으로 돌아가고는 곧 그만이었다. 다비 후에 법문[168]은 서술하기 어려우니 인간계와 천상계 모두 울어도 고개를 들지 않는구나.

海印信이 頌하되 垂絲本爲釣鼇頭어늘 不遇鯤鯨便却收로다 剛被傍人
布置網하야 撈蝦摝蜆鬧啾啾로다.

해인신이 송하였다. 낚시를 드리운 뜻 본래 자라에 있었지만 고래를 만나지 못하자 거두어 버렸네. 주위 사람이 억지로 그물을 쳐서 새우와 조개 건져내느라 조잘조잘 시끄럽구나.

---

168) 법문이 '~품(品)'의 형식으로 된 게 많기 때문에 '품(品)'을 법문으로 풀이한다. 부처님의 경도 진술하기 어렵다는 의미이다.

天童覺이 頌하되 末後句를 會也無아 德山父子大含胡로다 坐中亦有江南客하니 莫向人前唱鷓鴣하라.

천동각이 송하였다. 마지막 구절을 아는가 모르는가? 덕산의 부자는 몹시도 말을 우물우물하는구나.[169] 모인 자리엔 강남 나그네도 있으니 그 사람 앞에서는 자고곡[170]을 부르지 말라.

上方益이 頌하되 兀兀低頭托鉢歸하니 傍觀爭免笑嘻嘻리오 早知不要鳴鐘皷인댄 一等敎伊且忍饑하리라.

상방익이 송했다. 골똘히 고개 숙여 발우를 들고 돌아가니 곁에서 보는 이들의 비웃음[171] 어찌 면하랴? 일찍부터 종과 북을 칠 일이 없음을 알았다면 그에게 배고픔을 참게 함이 제일이었으리.

---

169) 대함호(大含胡): '호(胡)'는 호(糊)와 같은 뜻으로 '모호하다', '우물우물하다'의 의미이다. 누군가 못 듣게 하려고 귀에 대고 속닥속닥한 것을 말하지 않고 우물우물거린 것으로 설명했다. '함호(含胡)'는 말을 믿지 않고 입 안에서 우물우물하면서 상대방의 속셈을 간파하려는 눈치작전을 말한다. 즉, 더 큰 깨달음을 얻게 하기 위해 진리의 말을 쉽게 드러내지 않은 것에 대한 설명이다.

170) 자고곡(鷓鴣曲): "꽃피고 달 밝은 누각이 번화한 거리 가까이 있는데, 맑은 노래 한 곡조가 금 술병을 기울이게 한다. 모임 속에는 강남의 나그네도 있으니, 봄바람 향해 자고곡은 부르지 마소"(花月樓臺近九衢 淸歌一曲倒金壺 座中亦有江南客 莫向春風唱鷓鴣, 鄭谷의 詩, 〈席上貽歌者〉) 〈자고곡〉은 당시 유행하던 노래로 자고새는 남쪽으로만 날아가는 특성을 가진 새이다. 그 우는 소리가 '行不得也哥哥'(xíng bù dé yě gēge: 가면 안 돼, 형)'라고 하는 것처럼 슬프고 구성지게 들려서 가는 길이 험난하다는 뜻을 내포하고 있다고 여겼다. 사람들은 자고새의 울음소리를 빌려 가는 길이 험난한 어려운 인생살이나 이별의 슬픔을 표현했다. 사람의 심금을 울리는 〈자고곡〉을 부르면 자고새 울음소리의 뜻을 알고 있는 강남객은 옷소매로 흐르는 눈물을 찍어 내지 않을 수 없기 때문에 시인은 〈자고곡〉을 부르지 말라고 한 것이다. 이 이야기에서 유래하여, '좌중유강남객'은 기피하거나 경계하여야 할 사람이 있다는 것을 비유하는 말로 쓰이게 되었다.

171) 희희(嘻嘻): 히히, 헤헤, 히죽히죽. (스스로 만족하게 여기며 웃는 모양) = 嬉嬉, 唏唏.

雪竇寧이 頌하되 渠儂慣弄勿絃琴하니 韵出青霄旨趣深이라 多少傍邊人着耳이나 誰知得失本無心고.

설두녕이 송하였다. 그는 줄 없는 거문고를 익혔기에 〈청소곡(青霄曲)〉 연주하는 운치가 더욱 깊구나. 곁의 많은 사람들이 귀를 기울이나 얻고 잃음에 본래 무심한 줄 누가 알리오.

徑山杲가 頌하되 一櫥塗毒聞皆喪이나 身在其中摠不知로다 八十翁翁入場屋하니 眞誠不是小兒嬉로다.

경산고가 송하였다. 도독고(독을 바른 북)를 한 번 치면 듣는 이가 다 죽거늘 몸이 그 가운데 있어도 전혀 알지 못하네. 여든의 노인네가 과거장에 들어가니 진실로 아이들 장난이 아니로다.

竹庵珪가 頌하되 鐘未鳴皷未響이어늘 依前托鉢歸方丈이로다 德山不會末後句하니 嵓頭密意誰相亮고 只得三年也大奇라 留與諸方作榜樣이로다.

죽암규가 송하였다. 종도 울리지 않고 북도 치지 않았거늘 여전히 발우를 들고 방장으로 돌아가네. 덕산은 말후구를 알지 못하니 암두의 밀의(密意)를 누가 헤아릴 것인가? 다만 3년 뿐이란 말 대단히 기이하니 제방에 남겨두어 본보기를 삼게 하리라.

心聞賁이 頌하되 憎憧行來又撞頭하니 不如托鉢且迴休로다 無端惹起

三年話하니 添得傍人一段愁로다.

심문분이 송하였다. 뒤뚱뒤뚱 다니다가 또 마주치니 발우 들고 돌아가서 쉬는 것만 못하리. 무단이 3년이란 화두만 일으켜서 옆 사람에게 한바탕 근심만 더해주었네.

介庵朋이 頌하되 鼎油穿市釰隨行하니 命似懸絲得不爭이로다 耳內不聞歌樂響하고 到頭無犯獲全生이로다.

개암붕이 송하였다. 솥의 기름으로 시장을 다니는데 검객이 따라 붙으니 목숨이 실낱같아 싸울 수도 없구나. 귀 속에는 노래 소리 들리지 않으니 애초부터 범한 바 없어서 목숨을 온전히 보존했구나.

密庵傑이 頌하되 斫却月中桂하니 淸光轉更多로다 狐狸俱屛迹하고 師子奮金毛로다.

밀암걸이 송하였다. 달 속의 계수나무 베어버리니 맑은 빛 더욱 많아졌으리.[172] 여우와 이리는 모두 자취를 감추었고 사자는 황금털을 뽐내는구나.

---

172) 작각월중계(斫却月中桂), 청광전갱다(淸光轉更多): 두보의 시 〈일백오일야대월(一百五日夜對月)〉에 나오는 구절로 선가에서는 틀에 박힌 집착을 제거하면 실상을 보는 밝은 눈이 열린다는 의미로 착어에서 많이 사용한다. 시의 원문은 다음과 같다. "집 떠나 한식 맞으니 눈물이 금빛 물결같도다. 달 속의 계수나무 베어버리면 맑은 빛 더욱 밝을텐데. 헤어질 때 붉은 꽃잎 피워냈는데 생각하니 푸른 아미 찌푸리고 있겠지. 견우와 직녀는 속절없이 시름겹지만 가을의 기약한 날 그래도 은하를 건너가리라. (無家對寒食, 有淚如金波, 斫却月中桂, 淸光轉更多, 仳離放紅蕊 想像顰靑蛾, 牛女漫愁思, 秋期猶渡河.)"

無盡居士가 頌하되 皷寂鐘沉捧鉢迴하니 嵓頭一挼語如雷로다 果然只得三年在하니 莫是遭他授記來리라.

무진거사가 송하였다. 북소리 고요하고 종소리 잠잠하여 발우 들고 돌아가니 암두의 다그치는 한마디 우레와 같도다. 과연 겨우 삼년만 머물렀으니 말아야 할 것은 그를 만나 수기를 받아 온 것이었네.

雪竇顯이 擧此話에 連擧明招代德山云하되 咄咄이라 沒去處沒去處로다하야 師云하되 曾聞說箇獨眼龍하니 元來只有一隻眼이오 殊不知德山이 是个無齒大蟲이로다 若不是嵓頭識破면 爭得明日與昨日不同이리오 諸人要會末後句麼아 只許老胡知요 不許老胡會라하다.

설두현이 이 이야기를 들고 이어 명초[173]가 덕산을 대신하여 "쯧쯧! 갈 곳이 없구나, 갈 곳이 없구나"라고 한 것을 들어 말하였다. "일찍이 외눈박이 용이라 한 것은 들었는데 원래 단지 한 쪽 눈만 있었음이요 오히려 덕산이 이빨 빠진 호랑이인줄은 알지 못하였구나. 만약 암두가 알아내지 않았더라면 어찌 내일이 어제와 같지 않을 수 있었겠는가. 대중들이여 말후구를 알고자 하는가? 다만 늙은 오랑캐의 앎을 허락함이요 늙은 오랑캐의 앎을 허락하지 않음이로다.[174]"

---

173) 명초(明招): 무주 명초산의 명초 덕겸(明招 德謙) 선사로 나산 도한(羅山 道閑) 선사의 법손이다. 《전등록》 23권의 전기에 의하면 지혜의 기봉이 민첩하고 왼쪽 눈이 없어서 독안룡(獨眼龍)이라 불렸다고 전한다.

174) "지허노호지(只許老胡知), 불허노호회(不許老胡會)"는 이 공안의 핵심이 되는 구절이다. 동국역경원의 번역에는 "그 노장이 알았다고는 허락하겠지만 그 노장이 이해했다고는 허락하지 않노라."라고 되어있으나 이는 명백한 오역이다. 화두의 낙처는 이 구절을 온전히 각파해야 하는데 위와 같이 번역하고 이해하면 안 된다.

雲居元이 上堂擧此話云하되 巨耐嵓頭가 作亂人家院舍로다 然雖如
是나 蚊虻이 弄空裏猛風이요 螻蟻가 撼於鐵柱라 殊不知德山是个無
齒大蟲이로다 直饒通身是鐵이라도 也被一㘞하리라 諸人은 要會末後句
麼아 雲居爲你說破하리라하고 拈拄杖云하되 乍可啞却我口언정 不可瞎
却汝眼이로다하다.

운거원[175]이 상당하여 이 이야기를 들어 말하였다. "참을성 없는 암두가 남의 집안을 어지럽혀 놓았구나. 비록 그러하나 모기와 등에가 허공에서 사나운 바람 일으키고 땅강아지와 개미가 무쇠기둥을 흔들려고 하나, 덕산이 이빨 빠진 호랑이인줄은 전혀 알지 못했도다. 설령[176] 온몸이 무쇠라 하더라도 한번 할을 받아야 하리라. 여러분은 말후구를 알고자 하는가? 나 운거는 그대들을 위해 설파해 주리라." 그리고는 주장자를 들고 말하였다. "차라리 내 입이 벙어리가 될지언정, 그대들의 눈을 멀게 할 수는 없느니라."

翠嵓眞이 拈하되 德山嵓頭는 一狀領過요 雪峯은 一千五百人善知識
地在로다하다.

취암진[177]이 염하였다. 덕산과 암두는 한 장의 영장으로 처벌을 받고, 설봉은 천오백인

---

175) 운거 요원(雲居 了元, 1032~1098): 송나라 때의 선사로 강서(江西) 부량(浮梁) 사람으로, 속성은 임(林)씨요, 자는 각노(覺老)이다. 호가 불인(佛印)이라 불인 요원(佛印 了元)으로도 불린다. 운문 선사의 5세 법손이다.

176) 직요(直饒) = 종사(從使), 즉사(卽使), '설령……라 하더라도'의 뜻이다.

177) 취암 가진(翠巖 可眞, ?~1064): 송나라 때 임제종의 선사로 복건성 복주(福州)의 장계(長溪)사람으로 진전흉(眞點胸)으로 불렸는데, 서상 초원(石霜 楚圓)이 법손이다. 일찍이 강서 융흥부(隆興府)의 취암산에서 살아 취암 가진으로 불린다. 나중에 호남 장사(湖南 長沙)의 담주(潭州) 도오산(道吾山)으로 옮겼다. 변론과 재능에 막힘이 없어 명성이 멀리까지 알려졌다. 저서에 《취암진선사어요(翠巖

의 선지식 자리에 있도다.

大潙喆이 拈하되 **嵒頭**는 **大似高崖石裂**하야 **直得百里走獸潛蹤**이니 **若非德山度量深明**이면 **爭得昨日與今日不同**이리오하다.

대위철이 염하였다. 암두는 마치 높은 벼랑의 바위가 무너져서 곧바로 백리를 달리는 짐승이 자취를 감추는 것과 같으니 만약 덕산의 깊고 밝은 헤아림이 아니라면 어찌 어제와 오늘이 같지 않을 수 있었겠느냐?

圜悟勤이 拈하되 **此个公**은 **叢林解會極多**나 **然**이나 **小有的礭透得者**로다 **有以謂**하되 **眞有此句**라 **有以謂**하되 **父子唱和**하니 **實無此句**라 **有以謂**하되 **此句**는 **須密傳授**라하니 **不免只是話會 增長機路**하야 **去本分甚遠**이로다 **所以道**하되 **醍醐上味**는 **爲世所珍**이나 **遇此等人**하야는 **飜成毒藥**이로다하다.

원오근이 염하였다. 이 공안은 총림에서 이해한다는 이가 매우 많다고 하나 소수만이 적확하게 꿰뚫어 얻었다. 어떤 이는 말한다. "진실로 이런 구절(말후구)이 있다." 어떤 이는 말한다. "부자가 주고받은 것이니 실제로 이런 구절(말후구)은 없다." 어떤 이는 말한다. "이런 구절(말후구)은 비밀리에 전수해야 한다." 단지 이러한 이야기로 이해하면 기교의 길(機路)만 늘어날 뿐이니 본분에서 심히 멀어지는 것을 면치 못할 것이다. 그러므로 말한다. "제호의 훌륭한 맛은 세상 사람들도 소중하게 여기는 것

眞禪師語要》 1권이 《속고존숙어요(續古尊宿語要)》에 수록되어 있다.

이나 이런 사람들을(머리로만 알려는 사람) 만나면 반대로 독약이 되느니라."

心聞賁이 擧此話에 連擧明招代語雪竇拈하고 師云하되 雪竇는 如魯陽操戈에 望日而揮에 直得日返三舍라 然이나 只雪得德山啣寃負痛之恥하고 且不能拔天下人深根固蔕之疑로다 山僧이 今日에 不圖與德山嵒頭로 相見이나 且欲與天下人으로 雪屈이로다 諸人은 要會末後句麼아하고 良久云하되 鵲巢樹下니라하다.

심문분이 이 이야기를 듣고, 이어 명초를 대신한 말과 설두의 염을 들어 말하였다. "설두는 마치 노양(魯陽)[178]이 창을 잡고 해를 향해 휘둘러서 곧바로 해가 삼사(三舍)[179]를 물러선 것과 같았다. 그러나 단지 덕산의 말 못할 원한과 고통을 짊어진 수치를 설욕해 줬을 뿐이요, 천하 사람들의 뿌리 깊이 고착된 의심을 뽑아줄 수는 없었다. 내가 오늘 덕산과 암두와는 만날 것은 도모하지 않으나 우선 천하 사람들의 굴욕은 씻어주려 한다. 여러분들은 말후구를 알고자 하는가?" 양구하고 말했다. "까치가 사는 나무 아래로다.[180]"

---

178) 노양(魯陽):《회남자》에 나오는 이야기로 '노양지과(魯陽之戈)'라는 말이 있다. 전국시대 초(楚)나라의 노양공(魯陽公)이 한(韓)나라와 격전중에 해가 넘어가려 하여 창을 들어 해를 불러 '멈춰라.' 하니 그의 명령대로 삼사(三舍)나 뒷걸음질 쳤다고 한다.

179) 삼사(三舍): 30리가 1사이므로 90리를 말한다. 여기에서 삼사라고 한 것은 덕산이 암두를 3년 뒤로 물리쳤다는 것으로 본 것이다.

180) 작소수하(鵲巢樹下): '까치집(鵲巢)'은《진서전(晋書傳)》에 나온다. "왕돈(王敦)이 노해서 곽박(郭璞)을 잡아 남강(南岡)에 데리고 가서 죽이려 하니 곽박이 형관(刑官)에게 말하기를 '반드시 까치집이 있는 두 잣나무 사이에서 죽여 달라'고 하였다. 남강에 이르니 과연 잣나무는 있는데 까치집은 없었다. 곽박이 더 찾아보라고 하여 찾아보았더니 가지 사이 빽빽한 나뭇잎 아래에 과연 까치집이 있었다." 여기에서 까치집은 '죽을 자리'를 의미하는 것이다.

염송설화 拈頌說話

[托鉢] 自托鉢至法堂上者 德山老人放身出來地時節也 古人云 老不歇心 這老漢鐘未鳴云云者 懵懂不會耶不肯也 便迴者 直得無限也 明招道 沒去處沒去處也 未跳出德山圈圚 大小德山不會云云者 伊麽出來也 未圓成末後句故也 令侍者喚巖頭云云者 亦欲會圓成也

"遂密啓其意者 啓發其意也 其間消息 有何言句 有何作用 德山巖頭 喚來伊麽問底時節 是知音相見也 錄者 不知有什麽句 又末後句 只許老胡知 不許老胡會故 如是云耳也."

은밀하게 그 뜻을 열어 보였다는 것은 그 뜻을 열어 펼쳤다는 것이니, 그 사이의 소식은 어떤 말씀이 있었고 어떤 작용이 있었을 것이니 덕산이 암두를 불러오게 하여 이렇게 물은 시절이 바로 지음끼리의 만남인 것이다. 기록하는 자가 어떤 구절이 있었는지는 알지 못하고 또 말후구(末後句)는 단지 늙은 오랑캐의 앎을 허락함이요 늙은 오랑캐의 앎을 허락하지 않는 것이므로 이와 같이 말했을 뿐이다.

至明日與尋常不同者 與昨日不同也 此亦未知是何消息 然以下文撫掌大笑 又只得三年推之 其意可知也 撫掌大笑者 現德山上堂擧揚地公案也 殺人刀活人釼 此乃天下人不奈何處也 雖然如是云云者 似望照用不

同 時須至伊麽末後句極成矣 三年遷化 蒼天蒼天也 雪竇 咄咄沒去處 連下兩咄者 一一不存也 曾聞說个云云者 只知其一 不知其二也 無齒大蟲者 托鉢出來時 其意無限 至明日上堂云云也 不離此个消息 非因嵓頭語如是也 只許老胡云云者 托鉢出來時 老胡亦不會也

- 雲居 嵓頭作亂也 似蚊虻螻蟻也 作可啞却云云者 道不得則已 道得則不可瞎衆生眼也 德山出來 不可容易也 當下便是末後句也 然則即此會耶 離此會耶
- 翠嵓 德山嵓頭頭角已露 唯雪峰無稜縫也
- 大潙 嵓頭云云者 謂見其大體也 若非德山云云者 非離昨日 明今日事 今日始會得 則非度量深明也
- 圓悟 眞有此句至傳受者 皆未離情識意解也云云 此句謂末後句也
- 心聞 魯陽至三舍者 還退嵓頭三年 明德山意也
- 雪竇 但扶現德山意 不能令人無疑也 須是明得究竟處 魯陽者 魯國陽公 古之將也 與隣國戰時 日速沒故 以戈止日 日退三舍遂勝戰 三十里爲一舍也 鵲巢者 晋書傳云王敦怒將收郭璞 詣南岡斬之 璞謂行刑者曰 必於鵲巢雙栢樹間 及至果有栢樹而無鵲巢 璞令更尋之 枝間密葉下果有鵲巢焉

13 일수대 일수익 一手擡 一手搦

《선문염송》제20권 826. 과문(跨門)

古則
고칙

鄂州嵓頭全豁禪師가 到德山하야 纔跨門便問하되 是凡가 是聖가한대 山이 便喝이어늘 師禮拜하다 洞山이 聞擧하고 乃云하되 若不是豁公이면 大難承當이로다하니 師云하되 洞山老漢이 不識好惡하고 錯下名言이로다 我當時에 一手擡一手搦이니라하다.

　　악주의 암두전활 선사가 덕산에게 당도하여 곧 문을 건너면서 바로 물었다. "범부입니까 성인입니까?" 덕산이 바로 할을 하였고 암두 선사는 절을 하였다. 동산이 이 얘기를 듣고 곧 말하였다. "만약 전활공이 아니었다면 받아들여 감당하기가 크게 어려웠을 것이다." 암두 선사가 말하였다. "동산 노인이 좋고 나쁨도 알지 못하고서 말을 잘못했도다. 내가 당시에 한 손은 들었고 한 손은 내렸느니라."

염송 拈頌

大覺璉이 頌하되 發塚須全發塚威니 精靈才覺便收機로다 不知得喪當誰手오 擡搦何嘗得寶歸리오.

대각련이 송하였다. 무덤을 파려면 모름지기 무덤을 팔 배짱을 온전히 지녀야 하니 정령이 바로 깨닫자 곧 기틀을 거두었노라. 상을 당하여 누구의 손으로 감당할지 모르는구나. 들고 내리는 것은 어찌 일찍이 보물을 얻어 돌아온 것이겠는가.

天童覺이 頌하되 挫來機惣權柄이라 事有必行之威하고 國有不犯之令이라 賓尚奉而主驕하고 君忌諫而臣佞이라 底意嵓頭問德山하고 一擡一搦看心行이로다.

천동각이 송하였다. 찾아온 근기를 꺾고 방면을 손에 쥐었다. 일에는 반드시 행해야 할 위의가 있고 나라에는 범하지 못할 법령이 있다. 손님이 봉양을 숭상하여 주인이 교만해 지고 임금이 간언을 싫어하여 신하가 아첨하게 된다. 저의를 가진 암두가 덕산에게 물었고 한 번 들고 한 번 내려서 마음씀을 보았다.

保寧勇이 頌하되 平川走兎放蒼鷹하니 一搦便啗雙眼睛이라 毒手奪來

人買去하나 奈何斤兩未分明이리오.

보녕용이 송하였다. 평원을 달리는 토끼에 푸른 매를 풀어놓으니 단번에 잡아서 곧장 두 눈을 파먹는다. 독한 손길은 빼앗아오고 사람은 사갔으나 무게가 분명치 않음을 어찌하리오.

育王諶이 頌하되 大鵬一展垂天翼하니 十方虛空如墨黑이로다 怛薩阿竭二千年에 是聖是凡皆罔測이로다 德山嵓頭洞山老가 一張一歙何草草오 莫令千載動悲風하라 一句臨機須自道니라하고 喝一喝云하되 是什麽오하고 又喝兩喝하다.

육왕심이 송하였다. 큰 붕새가 하늘을 덮은 날개를 펴니 시방의 허공이 먹과 같이 캄캄하다. 달살아갈[181]의 2천 년에 범부인지 성인인지 모두 알지 못한다. 덕산과 암두와 동산 노인이 한번 펴고 한번 오므림이 어찌 그리 바쁜가. 천 년 동안의 슬픈 노래 없도록 하라. 일구(一句)를 기회가 오거든 스스로 일러야 하리. 할을 한번 하고 이르되 "이것이 무엇이고?"하고는 다시 할을 두 번 하였다.

知非子가 頌하되 德山一喝하니 谿拜拳攣이라 令行不盡하니 彼此機關이라 洞山老人이 錯下名言하니 龍潛珠隱하고 白浪滔天이로다.

지비자가 송하였다. 덕산이 한 번 할을 하니 전활이 공손히 절을 했다. 법령이 다 시행되지 못하니 너와 내가 모두 기관(機關)이라. 동산 노인이 말을 잘못하여 용은 잠기

---

181) '다타아가도(多陀阿伽度)'의 와음으로 '여래(tathāgata)'의 뜻이다.

고 여의주는 숨어서 흰 물결은 하늘에 넘치도다.

雪竇顯이 拈하되 然則德山門下에 草偃風行이나 要且不能塞斷人口로다 當時에 才禮拜어든 劈脊便打런들 非唯剿絕洞山이라 亦乃把定豁老로다 還會麼아 李將軍有嘉聲在하니 不得封侯也是閑이로다하다.

설두현이 염하였다. "그러한즉 덕산의 문하에 풀이 눕는 것은 바람이 분 것이나 사람의 입을 막을 수는 없었다. 당시에 막 절을 할 때 등줄기를 얼른 때렸더라면 동산을 꼼짝 못하게 했을 뿐만 아니라 전활 노인도 장악했을 것이다. 알겠는가? 이장군에게 좋은 명성이 있으니 제후에 봉해지지 않아도 그 역시 괜찮은 일이로다."

瑯瑘覺이 拈하되 嵓頭無人問著하니 不妨奇特이나 才被洞山腦後一錐하야 直得瓦解冰消로다하다.

낭야각[182]이 염하였다. "암두는 묻는 이가 없으니 기특하다 해도 무방하나 동산에게 뒤통수를 한 방망이 맞고는 당장에 기왓장이 깨지고 얼음이 풀리듯 하였도다."

海印信이 拈하되 老將軍好手가 一箭落雙鵰로다하다.

해인신이 염하였다. "늙은 장군의 좋은 솜씨가 한 화살에 두 마리의 새를 떨어뜨렸도

---

182) 낭야 혜각(瑯瑘 慧覺). 송대의 선사로 생몰연대 미상. 운문종 분양 선소의 법사로 남악의 10세 법손이다.

다."

圜悟勤이 拈하되 德山據令而行이나 只得一半이요 洞山은 通方有眼이나 千里同風이요 嵒頭는 旣善據虎頭하고 又能收虎尾라 大似作家戰將이 臨陣扣敵하야 七事俱全하니 不妨奇特이로다 敢問하노니 那个是一手擡一手搦處오 謂言侵早起러니 更有夜行人이로다하다

<small>원오근이 염하였다.</small> "덕산은 법령에 의해 시행했으나 겨우 반만을 얻었고, 동산은 사방에 통하는 안목이 있으나 천리에 같은 바람이요, 암두는 이미 범의 머리를 잘 잡고 또 범의 꼬리도 거둔다. 마치 작가인 장군이 전쟁터에서 적을 맞아 일곱 가지 일이 모두 온전한 것과 같으니 기특하지 않을 수 없다. 감히 묻노니, 어떤 것이 한 손은 들고 한 손은 내린 것인가? 새벽에 일어났다고 여겼더니, 다시 밤에 다니는 사람이 있도다."

白雲昺이 拈하되 嵒頭一期展露가 事不徒然이라 無人讚嘆이나 猶較些子로다 才被洞山稱提하야 直得驚群駭衆이로다 還會麼아 無滯自能隨勢去하고 有聲多爲不平來로다하다.

<small>백운병이 염하였다.</small> "암두의 한번 드러냄이 공연한 일이 아니어서 아무도 칭찬하는 이는 없으나 오히려 조금은 인정할 수 있다. 동산의 제창을 받자마자 당장에 대중들을 놀라게 하였다. 또한 알겠는가? 막힘이 없으면 스스로 형세를 따라갈 수 있고 소리가 있으면 모두가 불평 때문에 오도다."

雲門杲가 秉拂하고 擧此話云하되 猛虎가 不識窠하야 窠中身死하고 蛟龍이 不怖劒하야 劒下身亡이라 岩頭가 雖於虎窠中에 有透脫一路하고 向

劒刃上有出身之機나 若子細點檢將來컨대 猶欠悟在로다 只今에 還
有爲岩頭作主底麼아 出來與杲上座相見하라하고 良久喝一喝하고 拍
一拍云하되 洎合停囚長智로다하다.

운문고가 불자를 잡고 이 이야기를 들어 말하였다. "사나운 범이 함정을 알지 못해서 함정
속에 빠져 죽었고, 교룡이 칼을 겁내지 않아 검 아래에서 죽었다. 암두가 비록 호랑
이 함정 속에서 벗어날 한 가닥의 길이 있고, 칼날 위에서 몸을 벗어날 기틀이 있으
나 자세히 점검하건대 아직 깨닫지 못한 점이 있다. 지금 암두를 위해 주인이 되어
줄 이가 있는가? 나와서 나와 대면토록 하라." 양구했다가 할을 한 번 하고는 다시
손뼉을 한 번 치고 말하였다. "감옥에 갇혀 지혜를 기르게 될 뻔 하였도."

本然居士가 拈하되 林際云하되 一句中에 須得具三玄三要라하니 且道하
라 什麼是嵓頭一手擡一手搦處오 還會麼아 殺人刀活人劒이 豈有兩
口리오 直饒你見得的確分明이라도 也只是第二月이로다하다.

본연거사가 염하였다. "임제가 말하기를 '일구(一句) 가운데 3현과 3요를 갖추어야 하
느니라' 했으니 말해보라. 어떤 것이 암두가 한 손은 들고 한 손은 내린 곳인가? 또
한 알겠는가? 살인도와 활인검이 어찌 두 자루가 있으리오. 설사 그대가 적확하고
분명하게 본다 하더라도 역시 다만 제2의 달이니라."

介庵朋이 擧此話云하되 要識德山麼아 背手抽金鎞이요 要識嵓頭麼
아 翻身控角弓이요 要識洞山麼아 萬人齊指處오 要識天寧麼아 一鶚이
落寒空이로다 雖然如是나 只如嵓頭道하되 我當時一手擡一手搦이라하
니 此意는 又作麼生고 聽取一頌하라 荊棘林中生玉樹하고 掃箒篠裏出

錢筒이로다 着起神衫自會舞하니 眞誠不是鬼頭風이로다하다. [時住天寧이라]

개암붕이 이 이야기를 들어 말하였다. "덕산을 알고자 하는가? 등 뒤로 손을 뻗어 금 활촉을 뽑는다. 암두를 알고자 하는가? 몸을 뒤쳐 뿔활을 당긴다. 동산을 알고자 하는가? 만인이 일제히 가리키는 것이다. 나 천령(天寧)을 알고자 하는가? 한 기러기가 차가운 하늘에 떨어지느니라. 비록 그러하나 암두가 말하기를 '내가 그 때 한 손은 들고 한 손은 내렸느니라'고 했으니 이 뜻은 또 어떠한가? 나의 한 게송을 들어라. 가시덤불 속에서 옥 나무가 나고 쓰레기 더미에서 돈 통이 나왔다. 신비한 적삼을 입자 절로 춤을 추니 진실로 귀신의 풍류는 아니로다. [이 때 천녕(天寧)에 살고 있었다.]

空叟和尙이 拈하되 拾得一粒粟하고 失却半年粮이로다하다.

공수화상이 염하였다. 한 알의 좁쌀을 얻고 반년의 양식을 잃었도다.

염송설화 拈頌說話

[跨門] 才跨門云云者 凡不得聖不得之義耶 旣跨門則是凡耶 是聖耶 便喝者 要識眞金火裏看也 禮拜者 但伊麼禮拜 是十分荷擔也 若不豁公云云者 不道不是 若道承當 卽不是也 洞山老漢云云者 具擡搦二義也

- 大覺 發塚云云者 巖頭也 精靈云云者 德山也

- 海印 老將 謂巖頭也

- 圓悟 德山只行正令耳 洞山道 與德山出氣也 巖頭擡搦 却是好手 是虎頭虎尾也 然畢竟喚什麼作擡搦 謂言侵早起云云者 雖然一手擡一手搦是好手 爭如向無擡搦處會去

- 雲門 巖頭一手擡一手搦 是透脫一路出身之機也 喝一喝拍一拍者 破他許多計較也 泊合停囚長智者 巖頭有手脚未可知

- 本然 殺人刀活人釰 卽非一句 一手擡一手搦 豈是兩處 一句中具三玄三要 從可知也 雖然如是 猶是第二月 須知有向上一竅

⑭ 암두도자 巖頭渡子

《선문염송》 제20권 830. 무도(舞棹)

古則 고칙

巖頭가 在漢陽하야 作渡子러라 兩岸에 各懸木板하니 索渡者는 扣板一下라 一日에 有婆子하야 抱一孩兒하고 扣板索渡어늘 師於草舍中에 舞橈而出하니 婆便問하되 呈橈舞棹는 即且止하고 且道하라 婆手中一子는 甚處得來오하니 師以橈便打한대 婆曰婆生七子에 六箇는 不遇知音하고 只這一箇도 也不消得이라하고 遂抛向水中하니라 [瑯琊覺이 云하되 欺敵者亡이라하다]

　　암두가 한양에서 뱃사공 노릇을 할 때 강의 양변에 목판을 하나씩 걸어두고 "강을 건너기를 구하는 자는 목판을 한번 쳐라"고 했다. 하루는 어떤 노파가 한 아이를 안고 목판을 쳐서 강을 건너고자 하니 암두 선사가 초막에서 돛대로 춤을 추며 나오니 노파가 바로 물었다. "노를 바치고 돛대로 춤추는 것은 그만두고 일러보시오. 이 늙은이의 손안에 있는 아기는 어디에서 왔는가?" 선사가 노를 가지고 문득 때리니, 노파가 말하였다. "내가 일곱 아이를 낳았는데 여섯 놈은 지음을 만나지 못했는데 단지 이 한 놈도 역시 다 얻지를 못했구나"하고 결국 물속에 던져 버렸다. [낭야각이 말하기를 "적을 속이는 자는 망한다"라고 했다.]

염송 拈頌

海印信이 頌하되 買賣交關에 直須當價니 若少分文하면 便遭行罵라 忽行罵하니 遠近聞之成話欛로다.

해인신이 송하였다. 사고 파는 흥정은 값이 맞아야 하니 한 푼이라도 적으면 욕을 먹게 되도다. 갑자기 욕을 먹으니 멀고 가까운 곳에서 그것을 듣고 이야깃거리를 이루었네.

智海喆이 頌하되 親兒棄了更無親하니 撒手歸家罷問津이로다 呈橈擧棹波中客이 休向江邊覓渡人하라.

지해철이 송하였다. 친자식을 버린 뒤엔 친한 이 없고 손 뿌리치고 귀가해서는 길 묻기를 그만두었네. 노를 바치고 돛대를 든 파도 속의 나그네는 강변에서 건네 줄 사람을 찾으려 않는구나.

雪溪益이 頌하되 舞棹呈橈古渡頭에 婆婆相見問來由로다 何人拌得親生子오 拋向江心更不收로다.

삽계익[183]이 송하였다. 돛대 춤을 추고 노를 바쳤던 옛 나루터에 노파와 만났을 때 온 까닭을 물었네. 어떤 사람이 친히 낳은 자식을 버리려 하겠는가. 강 속에 던지고는 다시 거두지 않았네.

無着道人이 頌하되 **一葉扁舟泛渺茫**하니 **呈橈舞棹別宮商**이로다 **雲山海月俱抛棄**하니 **嬴得莊周蝶夢長**이로다.

무착도인이 송하였다. 조그만 조각배를 타고 파도 위를 떠가며 노를 들고 돛대 춤을 추니 특별한 곡조로다. 구름, 산, 바다, 달을 모두 던져버리니 장주의 나비 꿈이 길게 남게 되었구나.

---

183) 삽계익(霅溪益): 생몰연대 미상.《선문염송》에 이름이 나오나, 생애에 대해 전해지는 바가 없다.

염송설화 拈頌說話

[舞棹] 舞棹而出者 卷舒自在也 呈橈舞棹 至手中一子下消釋 以橈便打者 一子來處也 婆生七子者 元依一精明 分爲六和合 則一精明六和合 是七子也 六箇不遇知音者 六識無功也 只這一箇云云者 第八未亡也 抛向水中者 於此被打亦亡却耶 詳此問答之義 但爲人作則 非今日伊麽也

15 취암미모 翠巖眉毛

《선문염송》 제25권 1128. 일하(一夏)

明州翠嵓令条禪師가 夏末에 示衆云하되 一夏已來에 爲兄弟說話하니 看翠嵓眉毛在麽아한대 保福이 云하되 作賊人心虛로다하고 長慶이 云하되 生也라하고 雲門이 云하되 關이라하다 [法眞一이 別惜取好로다하다]

　　명주의 취암영참 선사가 하안거가 끝나는 날 시중하여 말하였다. "한여름 동안 형제들을 위하여 이야기를 해 주었으니 나 취암의 눈썹이 있는지 살펴보라." 보복이 말하였다. "도적질 하는 이의 마음이 허하구나." 장경이 말하였다. "생겨났다." 운문이 말하였다. "관(關)!" [법진일(法眞一)이 별어로 "아껴야 좋으니라"고 하였다.]

염송 拈頌

雪竇顯이 頌하되 翠嵒示徒는 千古無對로다 關字相酬하니 失錢遭罪로다 潦倒保福이 抑揚難得이라 嘮嘮翠嵒은 分明是賊이라 白珪無玷이어늘 誰辨眞假리오 長慶相諳하니 眉毛生也로다.

설두현이 송하였다. 취암이 대중에게 보인 것은 천고에 짝할 자가 없도다. 관자(關字)로 상대하니 돈을 잃고 죄를 만났도다. 초라한 보복의 말은 폄하도 찬양도 얻기 어렵도다. 중얼거리는 취암은 분명코 도적이로다. 백규에 티가 없거늘 누가 참과 거짓을 분별하리오. 장경이 알아주니 눈썹이 돋아났도다.

海印信이 頌하되 寶藏無人久不開하니 忽然捻出盡疑猜로다 幾人商旅來酬價오 交易不成空自迴로다.

해인신이 송하였다. 보배 창고에 사람 없어 오래 열지 않다가 홀연히 끌어내니 모두가 의아해 하노라. 몇 사람 장사꾼이 와서 값을 흥정하나 교역은 이뤄지지 않고 빈손으로 돌아가는구나.

淨嚴遂가 頌하되 靑山은 岌岌하고 淥水는 滔滔로다 穿過鼻孔하고 落盡眉毛

로다.

정엄수가 송하였다. 푸른 산은 우뚝하고 맑은 물은 도도하다. 콧구멍을 뚫고 지나가고 눈썹을 모두 떨어뜨렸도다.

天童覺이 頌하되 作賊心過人膽이여 歷歷縱橫對機感이로다 保福雲門也여 垂鼻欺唇하고 翠嵒長慶也여 修眉映眼이로다 杜禪和가 有何限고 剛道意句一齊剗이라 埋沒自己也여 飮氣呑聲이요 帶累先宗也여 面牆擔板이로다.

천동각이 송하였다. 도적질한 이의 마음이 사람의 담력을 초월하니 역력하고 종횡하여 기틀에 대하여 감응하도다. 보복과 운문이여, 늘어진 코와 속이는 입술이요, 취암과 장경이여, 정리된 눈썹과 빛나는 눈이로다. 엉터리 선승이 무슨 한계가 있으리. 억지로 뜻과 구절을 말하나 일제히 깎아버린다. 자기를 묻어버림이여 숨을 죽여 소리를 삼키고, 선대의 종지에 누를 끼침이여 면벽을 한 담판한이로다.

翠嵒芝가 拈하되 爲衆竭力이나 禍出私門이로다하다 又上堂擧此話에 [至] 作賊人心虛라하야 師云하되 何故如是오 得人一牛하고 還人一馬로다하다.

취암지가 염하였다. 대중들을 위해 힘을 다했으나 재앙은 자기 집 문에서 나느니라. 또 상당하여 이 이야기에서 '도적질한 이의 마음이 허하도다' 한 데까지를 들어 말하였다. 무슨 연고로 이와 같은가. 남의 소 한 마리를 얻고는 남의 말 한 마리를 돌려주는구나.

長蘆賾이 擧此話에 [至]看翠嵓眉毛在麼아하야 師云하되 諸仁者여 翠
嵓은 不解塞斷衲僧口로다 是故로 雲門이 以關字로 相酬라 若是山僧인
댄 則不然하리라 一夏已來로 爲諸兄弟說話하니 還有人會麼아 若也會
去하면 山僧이 辜負諸人이요 若也不會하면 諸人이 辜負山僧이니 如何得
不相辜負去오하고 良久云하되 賊過後張弓이로다하다.

장로색이 이 이야기에서 취암의 눈썹이 있는가 보라 한 데까지를 들어 말하였다. 여러분이여, 취암은 납자들의 입을 막을 줄 모르는구나. 그러므로 운문이 관자(關字)로 응수했다. 만일 산승이라면 그러하지 않으리니 한여름이래로 여러 형제들을 위하여 이야기를 해 주었는데 알아들은 이가 있는가? 만일 알아버렸다면 산승이 여러분을 저버린 것이요, 만약 몰랐다면 여러분이 산승을 저버린 것이다. 어찌해야 서로 저버리지 않을 수 있겠는가? 양구하고 말했다. "도적이 지난간 뒤에 활을 당기는구나."

黃龍新이 上堂擧此話云하되 作賊保福은 擔枷過狀이요 生也長慶은 迷
眞逐妄이요 掩關雲門은 秋江月亮이요 潦倒翠嵓은 眉在眼上이로다하다.

황룡신이 상당하여 이 이야기를 들어 말하였다. 도적질을 한 보복은 형틀을 지고 와서 죄상을 건네주고, 생겨났다고 한 장경은 참됨을 미혹하여 허망함을 따랐으며, 빗장을 닫은 운문은 가을 강에 달이 밝고, 초라한 취암은 눈썹이 눈 위에 있도다.

翠嵓宗이 拈하되 盡大地가 是翠嵓一隻眼이어늘 更說甚眉毛在不在리
오 直得諸方尊宿이 做盡伎倆하야도 出他圈繢不得이로다 所以로 保福이
云하되 作賊人心虛라하니 正是上他機境이요 雲門이 云하되 關이라하니 大
似夢裏爭力이요 長慶은 云하되 生也라하니 果然隨語生解로다 只如宗上

座는 又作麼生고하고 以拂子로 畫一圓相云하되 分付海山無事客하니 釣鼇時下一拳拏이로다하다.

취암종이 염하였다. 온 누리가 취암의 한 쪽 눈이거늘 다시 무슨 눈썹이 있다 없다를 말하리오. 곧바로 제방의 존숙들이 있는 솜씨를 다하여도 그의 올가미를 벗어나게는 못하였다. 그러므로 보복이 '도둑이 제 발 저린다' 하였으니, 이는 그의 경계에 올라탄 소식이요, 운문이 '관(關)'이라 하니, 마치 꿈속에서 힘을 다투는 격이며, 장경은 '생겨났다'고 하니 과연 말에 따라 견해를 내는 격이로다. 그렇다면 나 종상좌(宗上座)는 어떠한고? 불자로 원상 하나를 그리면서 말하였다. "바다와 산 속의 일 없는 나그네에게 분부하노니 자라를 낚을 때 한 주먹씩 뿌려라."

蔣山勤이 舉此話에 [至]看翠嵓眉毛在麼아하야 師云하되 輸機是筭人之本이어늘 翠嵓은 坐却天下人舌頭하야 無啗啄處하고 長慶은 云하되 生也라하니 因事長智요 保福은 云하되 作賊人心虛라하니 是精識精이요 雲門은 云하되 關이라하니 據款結案이로다 雖宗師가 競酬나 還截得翠嵓脚跟麼아 不躡前蹤하고 試請道看하라하다.

장산근이 이 이야기에서 '나 취암의 눈썹이 있는지 보라'고 한 데까지를 들어 말하였다. "기틀을 움직이는 것은 셈을 하는 사람의 기본이거늘 취암은 천하 사람의 혀끝에 도사리고 앉아서 입을 댈 곳을 없게 하였고, 장경은 '생겨났다' 하니 일로 인하여 지혜가 자랐고, 보복은 '도둑이 제 발 저린다' 하니, 정식(精識)의 정기요, 운문은 '관(關)'이라 하니, 법조문에 의거하여 판결을 내렸다. 비록 종사가 앞 다투어 대답했으나 취암의 발꿈치를 끊은 이가 있는가? 예전 사람의 발자국을 밟지 말고 대답해 보라."

靈峰古가 擧此話에 連擧雪竇頌하고 師云하되 看하라 雪竇頌來에 獨肯保福하고 不肯雲門이로다 若據靈峯看來인댄 一時不肯이니 爲什麽如此오 漢王이 有道成無道하고 范蠡는 論功却不功이로다하다.

영봉고가 이 이야기를 듣고 이어 설두의 송을 들어 말하였다. "보라. 설두의 송은 보복만을 긍정하고, 운문은 긍정하지 않았다. 만일 나 영봉의 견해에 의하면 동시에 긍정하지 않았을 것이니 어째서 그러한가? 한왕은 도 있음이 도 없음을 이루었고, 범여는 공을 논했으나 도리어 공 아님이 되었느니라."

雲門杲가 上堂에 僧問하되 一夏與兄弟로 東說西話하니 看翠嵓眉毛在麽아하니 意旨如何오한대 師云하되 自首者는 原其罪니라하다 進云하되 保福이 道作賊人心虛는 又作麽生고한대 師云하되 驢揀濕處尿니라하다 進云하되 長慶은 道生也라하고 雲門云關이라하니 又且如何오한대 師云하되 一箇破糞箕가 對个禿笤箒니라하다 進云하되 後有老宿云하되 翠嵓이 無風起浪이라하니 作麽生見得고한대 師云하되 作麽見不得고하다.

운문고가 상당하자 어떤 스님이 물었다. "'한여름 동안 형제들과 이런 저런 이야기를 나누었는데 나 취암의 눈썹이 있는지 보라'고 한 뜻이 어떠합니까?" 선사가 말하였다. "자수하는 이는 그 죄를 용서해주느니라." 다시 물었다. "보복이 '도둑이 제 발 저린다'고 한 뜻은 또 어떠합니까?" 선사가 말하였다. "당나귀는 축축한 곳을 골라 오줌을 누느니라." 다시 물었다. "장경은 '생겨났다'고 하였고, 운문은 '관(關)'이라 한 것은 또 어떠합니까?" 선사가 말하였다. "하나의 거름광주리가 몽당 빗자루를 맞서느니라." 다시 물었다. "뒤에 어떤 노숙이 '취암은 바람도 없는데 물결을 일으켰다' 했는데 어떻게 보십니까?" 선사가 말하였다. "어떻게 보지 못하겠느냐?"

心聞賁이 拈하되 一語訛에 三處翻案이로다 而今에 事在龍翔手裏하니 且作麼生結絶고 誣人之罪는 以罪加之니라하다.

심문분이 염하였다. "한 마디 말이 잘못됨에 세 사람이 다르게 풀었다. 지금에 일이 용상(龍翔)184)의 손아귀에 있으니 또 어떻게 맺고 끊으랴. 사람을 속인 죄는 죄로써 다스리느니라."

介庵朋이 擧此話하고 着語云하되 蛇心佛口요 蜜裏有砒로다 長慶云 生也라 하니 云하되 近火先燋로다 保福이 云作賊人心虛라하니 云하되 知情告首오 語是心苗로다. 雲門云關이라하니 云하되 禹力不到處에 河聲이 流向西로다 諸禪德아 南禪伊麼酬酢이 還坐得天下人舌頭斷麼아 具眼者斷看하라하다.

개암붕이 이 이야기를 들고 착어하여 말하였다. "독사 마음에 부처의 입이요 꿀 속에 비상이 있다. 장경이 '생겨났다' 하니 불 가까운 곳이 먼저 탄다는 말이다. 보복이 '도둑이 제 발 저린다'고 하니 정세를 알면 먼저 고하고 말은 마음의 싹이로다. 운문이 '관(關)'이라 하니 우(禹)의 힘이 미치지 못하는 곳에 강물 소리가 서쪽을 향해 흐른다는 말이다. 여러 선덕들아, 나 남선(南禪)의 이런 수작이 도리어 앉아서 천하 사람의 혀끝을 끊을 수 있겠는가? 안목을 갖춘 이는 판단해 보라."

184) 용상(龍翔): 용이 하늘로 올라가는 모습을 그린 것이다.

염송설화 拈頌說話

[一夏] 作賊人心虛者 終日說未曾說也 生也者 眉毛生也 則終日說話 有什麽過 關者 或云兩頭不干故 關者非也 乃關却口也 法眞一 別惜取好 卽此義 惜取眉毛好也 然則雲門道不得也 長慶道得也 保福中間也 三員作家 各出一隻手 共成一家事也 然則翠巖道得處 來自具足也

16 파자소암 婆子燒庵

《선문염송》 제30권 1463. 고목(枯木)

古則 고칙

昔有婆子하야 供養一庵主호되 經二十年이라 常令女子로 送飯給侍러니 一日에 令女子抱定云호되 正伊麽如何오한데 庵主云호되 枯木이 倚寒巖하니 三冬에 無暖氣로다하다 女子歸擧似婆한대 婆云호되 我二十年을 只供養得箇俗漢이로다하다 遂發起燒却庵하다

　　옛날 어떤 노파가 한 암주를 공양하여 이십 년이 경과했는데 항상 딸에게 밥을 보내 시봉하게 하였다. 하루는 딸로 하여금 꼭 껴안고 물어보게 하였다. "바로 이러할 때 어떠합니까?" 암주가 말하였다. "마른 나무가 차가운 바위를 기댔으니 삼동에 따뜻한 기운이 없구나." 딸이 돌아와서 노파에게 그 일을 전하니, 노파가 말하였다. "내가 이십 년 동안 단지 속한(俗漢)을 공양했구나." 하고는 벌떡 일어나 암자를 불 질러 버렸다.

염송 拈頌

介庵朋이 頌하되 撿盡三千條貫하야도 更無情罪可斷이로다 除非法外凌遲하고 不用差官定驗이로다.

개암붕이 송하였다. 3천 조목을 모두 점검해 보아도 다시 단죄할 죄목이 없도다. 법 밖의 능지처참을 제외하고 관리를 보내 조사할 필요가 없구나.

密庵傑이 擧此話云하되 這箇公案이 叢林中에 少有拈提者로다 傑上座가 裂破面皮하고 不免納敗一上하야 也要諸方撿點이로다하고 乃召大衆云하되 這婆子의 洞房深遠하야 水泄不通이러니 便向枯木上糝花하고 寒巖中發焰이로다 箇僧은 孤身迥迥하고 慣入洪波하야 等閑坐斷潑天潮하니 到底身無涓滴水로다 子細點撿將來인댄 敲枷打鑠는 即不無二人이어니와 若是佛法인댄 未夢見在로다 烏巨伊麽提持가 意歸何處오하고 良久云하되 一把柳條收不得하야 和風搭在玉欄干이로다.

밀암걸이 이 이야기를 들어 말하였다. "이 공안을 총림에서 제창하는 이가 드물다. 나 걸상좌(傑上座)가 낯가죽을 찢어 부수고 한바탕 허물을 드러냄을 면치 못하더라도 제방의 점검을 바라노라." 그러고는 대중들을 부르면서 말하였다. "이 노파의 규방은 깊고 멀어 물샐 틈이 없더니 곧장 마른 나무 위에 꽃을 피우고 차가운 바위틈에서 불꽃을 일으켰다. 그 스님은 외로운 몸 훨훨 날려 익숙하게 넓은 파도에 들어가서 하늘을 치솟는 물결을 예사로이 앉아서 끊고도 결국 몸에 물 한 방울 묻히지 않았다. 자세히 점검해 보건대 항쇄를 부수고 족쇄를 깨뜨린 일은 곧 두 사람에게 없지 않았거니와 불법에 관해서는 꿈에도 보지 못했도다. 나 오거(烏巨)가 이렇게 든 뜻이 어디에 있는가?" 양구했다가 다시 말하였다. "한 움큼의 버들가지를 거둘 수 없어서 바람과 함께 옥난간에 걸어 두노라."

염송설화 拈頌說話

[枯木] 枯木倚寒巖云云者 離諸喧諍 寂滅現前云云也 我二十年只供養云云者 習氣不除也

- 个菴意 菴主有什麽過
- 密菴 婆子枯木上糝花云云者 未嘗離洞房深遠云云也 嵓字 當作灰字 菴主坐斷潑天潮云云 未嘗離慣入洪波處也 雖然如是兩箇 俱未免敲枷打鎖也 一把柳條云云者 四五百條花柳巷 二三千處管絃樓也

한시(漢詩) 염송(拈頌) 창작을 위한
한시용운법(漢詩用韻法) 약설(略說)

:: 현대 중국어에는 입성(入聲)이 없다

一	二	三	四	五	六	七	八	九	十	
일	이	삼	사	오	**육**	**칠**	**팔**	구	**십**	(한국어)
이	얼	싼	쓰	우	리우	치	빠	지우	스	(北京語)
얏	이	쌈	쎄이	음	**록**	**찻**	**팟**	끼우	**십**	(廣東語)

:: 평측(平仄), 평상거입(平上去入), 1성·2성·3성·4성의 차이

	漢詩 用韻 (106韻)				현대 중국어 4聲 체계			
平(30韻)	平聲	上平聲 (15韻)	(東)		陰平	-	1聲	(媽)
		下平聲 (15韻)	(先)	無點	陽平	-	2聲	(麻)
仄(76韻)	上聲 (29韻)		(動)	二點			3聲	(馬)
	去聲 (30韻)		(洞)	一點			4聲	(罵)
	入聲 (17韻) (屋) = ㄱㄷㅂ(ㄹ) 促急 (빨리 긋닫는 소리)			無點	(없어졌음)			

:: 칠언절구(七言絶句)의 평측법(平仄法)

평기식(平起式)	측기식(仄起式)
평평측측측평평	측측평평평측측
측측평평측측(평)	평평측측측측(평)
측측평평평측측	평평측측평평측
평평측측측측평(평)	측측평평측측(평)

:: 칠언절구 염송 한 수 짓기 연습

❶ 자신의 법명이나 이름 두 글자(한자) 중의 한 글자는 반드시 운자(韻字)로 사용해 봅니다.

❷ 운자로 정한 글자 이외의 하나의 운자는 용운법(用韻法) 106운(韻) 가운데에서 운에 맞는 한자를 하나 찾아서 운자(韻字)로 사용합니다.
　→ 106운을 참조

❸ 나머지 이름의 한 글자는 운자를 제외한 26자 가운데 반드시 사용해 봅니다.

❹ 먼저 운자(韻字)만 정확히 사용하고 평측법(平仄法)에 입각한 시작(詩作)은 차후 습작을 통해 습득해야 합니다.

❺ 본 서에 담긴 16공안 가운데 하나를 선택해서 자신만의 염송을 지어봅시다.

禪宗 5家 7宗

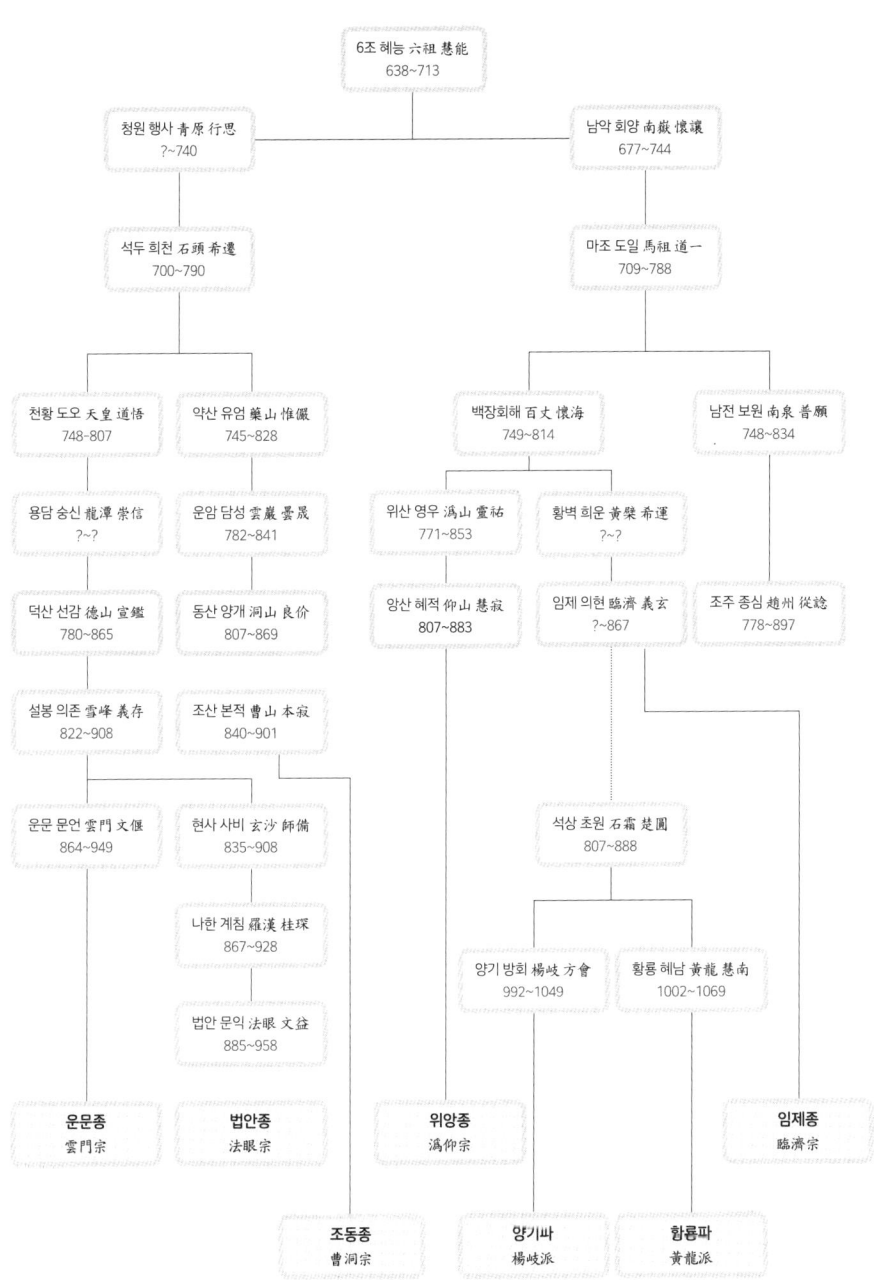

문광文光 스님

해인사 원당암에서 각안 스님을 은사로 출가하고, 혜암 대종사를 시봉했다. 직지사에서 성수 스님을 계사로 비구계를 수지했다(2008). 통광 선사로부터 전강을 받아 경허 성우 – 한암 중원 – 탄허 택성 – 제월 통광의 전통 강맥을 전수했고(2013), 경성 율사로부터 전계를 받아 자운 성우 – 무봉 성우 – 지엄 경성의 전통 율맥을 전수했다(2022). 전강 법호는 법운(法雲)이고, 전계 법호는 혜안(慧眼)이다. 연세대 중어중문학과 학사·석사과정, 동국대 선학과·불교학과 학사과정, 국사편찬위원회 초서사료연수 고급과정 등을 마친 후, 한국학중앙연구원 한국학대학원 철학과 박사학위를 받았다(2018). 대표 저술로는 《탄허 선사의 사교 회통 사상》, 《한국과 중국 선사들의 유교 중화 담론》, 《탄허학 연구》, 《탄허사상 특강》 등이 있으며, 제3회 원효학술상(2012)과 제1회 탄허학술상(2019)을 수상했다. 현재 조계종 교육아사리, 동국대 불교학술원 HK연구교수로 재직하고 있다. 유튜브 '문광스님 TV'와 네이버 밴드 '문광스님의 연공최귀(連功最貴)'를 운영하며 대중을 위한 경전 강의와 간화선 수행을 지도하고 있다.

선문염송 은칙

초판 1쇄	2023년 2월 5일
초판 2쇄	2023년 4월 3일
초판 3쇄	2025년 8월 19일

지은이	문광 스님
펴낸이	오종욱
총괄 진행	서미정
표지 디자인	선원들
편집 디자인	김윤진

펴낸곳	올리브그린
	경기도 과천시 관문로 92 (힐스테이트과천중앙) 101동 2013호
	olivegreen_p@naver.com
	전화 070-6238-8991 / 팩스 0505-116-8991

가격 23,000원
ISBN 978-89-98938-46-8 03220

● 이 책은 올리브그린이 저작권자와의 계약에 따라 발행한 것이므로, 이 책 내용의 일부 또는 전부를 사용하려면 반드시 올리브그린의 동의를 받아야 합니다.